陈　曦／著

中国制造业产业间协同集聚的
实证研究

An Empirical Study on Industrial Co-agglomeration of
Chinese Manufacturing

社会科学文献出版社
SOCIAL SCIENCES ACADEMIC PRESS (CHINA)

前　言

　　产业集聚现象在世界范围内广泛存在。经济全球化进程的日益加快和区域产业分工的不断深化，使得具有产业关联的各个产业形成相互作用的关联体，某一产业既会直接或间接影响其他产业的发展，也会在很大程度上受到相关产业的影响。经济发展不仅表现为经济总量的增长，还伴随产业结构的调整和空间布局的优化，并主要反映在各个产业在生产上和空间上的直接和间接关联中。对我国而言，改革开放以前，计划经济占主导地位，均衡生产力布局原则在一定程度上抑制了产业集聚现象的产生。改革开放以后，伴随市场化和全球化进程的不断加速，中国制造业在不同空间尺度上的集聚现象越来越显著，并且这种空间集聚越来越多地超越一个产业内部的企业而扩展到两个或多个产业。产业集聚已经成为推动我国经济持续稳定增长的重要因素之一，并因其具有较强的持续竞争力而引起人们的高度重视。当前，我国正处于全面深化改革和转变经济发展方式的关键时期，需要深刻认识产业间的产业关联对彼此空间布局的影响，以及空间上的协同集聚对各自生产效率的提升作用。如何进一步优化调整产业结构，发挥集聚经济的积极效用，夯实经济健康增长的基础，培育新的增长点和增长极，是我国经济发展进入新常态、实现产业结构升级演进、优化经济发展空间格局所亟待解决的关键问题。

　　随着空间经济研究的逐步兴起与繁荣，产业集聚现象作为经济活动在空间层面的重要特征，受到学者们的广泛关注。产业集聚通常有两种类型，一种是单一产业的群聚，另一种是多个产业的杂聚。产业间协同集聚（industrial co‐agglomeration）指的是不同类型产业在特定地理范围内高度集中的现象。Ellison 和 Glaeser（1997）最早利用产业间协同集聚指数对这一现象进行了测度。可以说，产业间协同集聚既是产业集聚的一种特殊形式，又是在当前产业互动融合发展背景下对产业集聚理论的一种深化。相较于产业集聚，其强调的是不同类型产业在空间上的协同分布，并更关注不同产业之间的内在关联性，如投入产出联系、技术联系等。

我国产业集聚的相关研究与国外相比起步较晚，国内学术界对产业集聚现象的关注始于 20 世纪 80 年代中后期，并于 20 世纪 90 年代逐步趋于系统化。我国现有的产业集聚研究主要集中在单一产业集聚上，对具有产业关联的产业间协同集聚现象关注较少，相关研究相对较为缺乏。本书聚焦于两个制造业细分行业之间的协同集聚，以中国制造业各细分行业两两之间的协同集聚为研究对象，从产业和空间两个视角探索分析制造业产业间协同集聚的影响机制，并尝试构建两个制造业细分行业间协同集聚的理论模型，希望对完善产业间协同集聚理论具有一定的意义。在此基础上，本书力求回答当前中国是否存在产业间协同集聚的现象和趋势，产业关联等因素是否会对我国制造业产业间协同集聚产生影响，以及产业间协同集聚是否存在空间差异性等问题，基于区（县）数据，通过对全国和各地级市制造业各细分行业间协同集聚指数的测度，运用面板数据回归、空间计量回归和地理加权回归等方法，对中国制造业产业间协同集聚的特征和演化进行了梳理，对产业关联与产业间协同集聚的相互关系进行了分析，并从区域差异的视角审视了中国制造业的产业间协同集聚，希望在宏观层面上对我国经济可持续发展、产业结构升级和空间布局优化提供一定的实践参考和政策借鉴，在微观层面上为制造业企业未来发展从产业链环节选择和空间选址两方面提供科学的决策参考。

本书得出的基本观点和主要结论有以下三点。

第一，产业间协同集聚在中国制造业各细分行业之间普遍存在，并且近年来产业间协同集聚程度有所提高，不同制造业细分行业和不同产业组合类型之间的产业间协同集聚程度和变化幅度差异较大。通用、专用设备制造业和通信设备、计算机及其他电子设备制造业等制造业细分行业更容易与其他制造业细分行业发生产业间协同集聚，而金属冶炼及压延加工业等制造业细分行业在空间上与其他制造业细分行业的协同集聚程度一般较低。技术 - 技术密集型和资本 - 技术密集型产业组合的产业间协同集聚程度一直较高且不断增强，资本 - 资本密集型产业组合的产业间协同集聚程度提升较快，劳动－资本密集型产业组合的产业间协同集聚程度普遍较低，而劳动－劳动密集型产业组合的产业间协同集聚程度近年来有所减弱。

第二，中国制造业的产业间协同集聚与产业关联密切相关，并且近年来，更高水平的产业关联导致了产业组合在空间分布上更为邻近。两个制造业细分行业能否发生协同集聚以及协同集聚的程度如何除了受到投入产出关联的正向影响外，还会受到劳动力市场共享和能源需求差异、技术投入强度差异等因素的共同作用。此外，产业关联对中国制造业产业间协同集聚影响存在一定的空间差异性，产业组对的空间关联度较高的区域多分布在内蒙古、河南、陕西、甘肃、安徽、湖北等部分中部和西部省份，而在经济发达的直辖市内分布较少。部分产业组对的空间关联度的空间分布呈现规律性特征，尤其以金属制品业与其他制造业细分行业组成的产业组对表现最为明显。东北三省空间关联度较高的产业组对基本一致，产业发展状况较为相近。

第三，我国制造业产业间协同集聚存在较大的区域差异。产业间协同集聚水平较高的地级市更多分布在东部地区，城市规模等级也相对较高，这些区域产业间协同集聚水平的变化通常是由部分制造业细分行业的空间分布变化导致的。而产业间协同集聚水平较低的地级市则以西部地区、中部和东北地区的资源型城市居多，并以中等城市和Ⅰ型小城市为主，它们产业间协同集聚水平的变化多是由产业门类和产业结构变化引起的。我国制造业产业间协同集聚的区域差异主要由制度和政策、信息传输能力、经济发展水平、制造业劳动力供给和交通设施水平等因素造成。财政实力雄厚的地方政府以及各级各类开发区的设立，在一定程度上提高了地级市的产业间协同集聚水平。

限于理论水平和实践经验，本书难免存在疏漏和不足之处，恳请各位读者批评指正。

目　录

第一章

绪　论

第一节　研究背景与研究意义

一　研究背景

产业集聚作为一个古老而常新的经济现象一直以来受到学者们的广泛关注。特别是新经济地理革命以来，随着空间经济研究的逐步兴起与繁荣（柴志贤和黄祖辉，2006），产业集聚现象作为经济活动在空间层面的重要特征，更是成为学者们关注的热点问题。

产业集聚通常有两种类型，一种是单一产业的群聚，另一种是多个产业的杂聚，后者又被称为协同集聚。产业集聚现象在世界范围内广泛存在，不仅发达国家有，发展中国家也普遍存在（Guimaraes & Figueiredo，2000；Clancy et al，2001）。甚至有学者认为，产业集聚是发展中国家工业化的必然规律，产业集聚有可能成长为区域经济增长极并最终带动整个区域的工业化和经济发展（Perroux，1955）。我国改革开放以前，计划经济占主导地位，均衡生产力布局原则在一定程度上抑制了产业集聚现象的产生。改革开放以后，随着社会主义市场经济体制的逐步建立，市场在资源配置中的作用不断强化，特定区域的产业集聚现象日益增多，并在集聚的过程中迅速提升了竞争力。改革开放30多年来，中国经济迅速发展，交易成本和运输费用的不断下降，促进了制造业在空间上的集中布局（文玫，2004）。产业集聚已经成为推动我国经济持续稳定增长的重要因素之一（徐强，2004），并因其具有较强的持续竞争力而引起了人们的高度重视。

当前，世界经济正处于深度调整之中，推动增长、增加就业、调整结构已经成为国际社会的普遍共识。在产业发展方面，技术突破和业态创新使得产业边界逐步融合，产业之间的相互影响、共同发展以及不同产业之间在空间布局上的协同集聚现象对生产效率的提升作用和对整体经济的推动效应更加突出。与此同时，我国正处于全面深化改革和转变经济发展方式的关键时期，如何进一步调整优化产业结构，发挥集聚经济的积极效用，夯实经济健康增长的基础，培育新的增长点和增长极，是我国经济发展进入新常态，实现产业结构升级演进、全面提升全要素生产效率、优化经济发展空间格局所亟待解决的关键问题。

二 研究意义

（一）理论意义

我国产业集聚的相关研究与国外相比起步较晚，国内学术界对产业集聚现象的关注始于 20 世纪 80 年代中后期，并于 20 世纪 90 年代开始逐步趋于系统化。我国现有的产业集聚研究主要集中在单一产业集聚上，而对具有产业关联的产业间协同集聚现象关注较少，相关研究相对较为缺乏。本书聚焦于两个制造业细分行业之间的协同集聚，从产业和空间两个视角对这一现象进行了系统的探讨。在理论上探索分析了两个制造业细分行业间协同集聚的影响机制，并尝试构建了两个制造业细分行业之间协同集聚的理论模型，希望对完善产业间协同集聚理论具有一定的理论意义。

（二）实践意义

随着全球范围新一轮的产业革命的不断拓展，不同产业之间的相互影响和彼此融合日益成为产业发展的新态势和新方向。我国处于世界经济发展的浪潮之中，在产业结构升级发展的关键时期，需要深刻认识产业间的产业关联对彼此空间布局的影响，以及空间上的协同集聚对各自生产效率的提升作用。本书旨在探究当前中国是否存在产业间协同集聚的现象和趋势，产业关联等因素是否会对我国制造业产业间协同集聚产生影响，以及产业间协同集聚是否存在空间差异性等，希望在宏观层面上对我国经济可持续发展、产业结构升级和空间布局优化提供一定的实践参考和政策借鉴，在微观层面上为制造业企业未来发展从产业链环节选择和空间选址两方面提供科学的决策参考。

第二节　国内外相关研究成果综述

产业的空间集聚是经济活动最突出的地理特征（Krugman，1991a），也是一种世界范围内普遍存在的经济现象。自马歇尔（Aflred Marshall，1890）最早关注到了这一产业活动在空间层面的重要特征并开创性地提出了相关理论后，学者们分别从经济地理、区域经济、管理学、国际贸易等多个角度对产业集聚问题展开了研究，并取得了大量的研究成果。

一　理论研究进展

（一）产业集聚（agglomeration）理论

一般认为，最早对产业的空间集聚现象进行直接研究的学者是英国经济学家马歇尔。马歇尔在其著作 *Principles of Economics*（《经济学原理》）中提出了"集聚""外部经济"等概念，论述了产业集聚的优势，并在一定程度上解释了产业集聚产生的基本原因，但是缺乏对区位和运输成本等因素的考量。马歇尔将有赖于单个企业的资源、他们的组织以及他们管理的效率的经济视为内部经济，将有赖于产业的一般发展的经济视为外部经济，进而在古典经济学的框架下从生产关系的角度研究认为，地方性工业之所以会在特定区域内集聚，其根本原因是为了获得外部规模经济所带来的收益。马歇尔的外部性理论指出，劳动力池的共享（labor pooling）、中间产品的投入（input sharing）和知识溢出（knowledge spillover），是产业空间集聚现象的根本来源。

产业集聚实际上是企业区位选择的宏观表现，因此区位理论是解释产业集聚的重要依据（张华和梁进社，2007）。德国的经济学家韦伯（Alfred Webber，1909）在其著作 *Theory of the Location of Industries*（《工业区位论》）中首次提出了"集聚经济"的概念，比较系统地解释了工业活动的空间分布。韦伯的研究从微观企业的区位选择角度出发，阐明了企业是否会相互邻近取决于集聚的利益与成本的对比，"成本最小化"是导致产业集聚的根本原因。韦伯认为，产业集聚是自下而上产生的，成本节约产生的经济利益是工业区位选择的基本动力，运输成本、劳动力成本、集聚经济是工业区位和工业集聚的三个决定性因素。此外，韦伯还利用等费用曲线等分析工具对产业集聚现象进行了定量研究。廖什（Losch August，1939）在其研究基础上进一步提出，市场需求也是产业区位的决定因素之一。

瑞典经济学家俄林（Bertil Ohlin，1935）将区位理论与贸易理论相互结合，试图从国际贸易的视角解释产业集聚现象。传统贸易理论以完全竞争、同质产品和不变规模报酬为主要特征，提出资源禀赋和相对生产率的差异是影响地域分工和国际贸易的主要因素（Krugman，1993），并认为源于外生的生产技术水平差异（Ricardo，1817）和不同地区的要素禀赋差异（Heckscher，1919；Bertil Ohlin，1935）的比较优势是解答产业在特定区域集聚的理论基础。此后，为进一步解释产业内贸易现象，以收益递增、差异产品和不完全竞争为基础的新贸易理论应运而生（Helpman & Krugman，1985）。新贸易理论引入规模经济和市场规模效应，认为产业集聚的本质原因是规模报酬递增，而企业总是选择本地市场规模大的地区进行布局。

美国区域经济学家胡佛（Edgar Hoover，1948）在其出版的《经济活动的区位》中将集聚经济、资源禀赋与交通运输成本视为产业区位选择的三个基本因素。胡佛最早提出了规模经济的三个层次，即单个区位单位（工厂）的规模经济，单个公司（联合企业体）的规模经济，以及单一产业集群的规模经济。胡佛还将经济活动的空间集聚现象分为两种类型，一种是同一产业企业的区域集中，即地方化经济，另一种是多种产业在同一区域的集聚，即城市化经济（Hoover，1937）。胡佛认为，外部经济和专业化是产业集聚产生的主要原因（Hoover，1936），并指出产业集聚存在一个最佳规模，集聚企业数量和规模未达到或超过这一最佳状态时，整体集聚效应均会受到影响。艾萨德（Walter Isard，1956）把韦伯和胡佛的观点相结合，认为由于生产和劳动的高度分工，集聚经济其实就是在地区经济上的一种表现。

新产业区理论关注中小企业集聚现象，认为这些产业区的发展是大量中小企业在柔性专业化（flexible specialization）基础上实现的产业集聚（Piore & Sabel，1984；Storper，1989）。新产业区理论的代表人物斯科特（Allen J. Scott，1988）提出柔性生产综合体（flexible production complex）、后福特制（post - fordism）等概念，并利用"灵活的专业化"和"灵活的积累"等为产业集聚提供了微观层面的解释，认为新产业区内集聚的中小企业运作机制灵活、专业化程度高、相互间协同作用较强，因而更容易组织生产并适应个性化的市场需要。需要指出的是，新产业区的发展与所在区域的社会人文环境密切相关，根植于社会人文环境的区域创新网络是新产业区得以发展的关键（Harrison，1992；Grabher，1993）。

波特（Michael Porter，1990）提出新竞争经济学的企业集群理论，从企业竞争优势而非生产联系角度对产业集聚现象进行研究。波特认为集聚是产业获取竞争优势的组织基础，为提高企业竞争力，产业集聚在企业区位选择过程中具有重要地位。波特提出了产业集群（industrial clasters）的概念，即在某一特定领域中，大量产业关联密切的企业以及相关支撑机构在空间上集聚，形成强劲、持续竞争优势的现象（Porter，1998）。波特的"钻石理论"将国家竞争力的决定因素归纳为企业战略、要素条件、需求状况和相关产业等组成的菱形结构，并认为产业集聚通过提高该领域企业的生产效率，加快创新步伐，以及促进新业务形成、鼓励新企业产生、扩展并强化产业集群本身等三种形式促进四个要素之间的相互作用，使菱形结构产生活力。波特的研究没有解释产业集聚形成的原因，而是侧重于对产业集聚后的积极效应进行分析。

以克鲁格曼（Paul Krugman，1980，1991b）、藤田昌久（Fujita Masahisa，1996；Fujita & Krugman & Venebles，1999）等人为代表的新经济地理学理论（NEG）在新贸易理论基础上进一步发展，目前已经成为产业集聚研究的主流理论之一。新经济地理学具有更明确的空间关系，其基于Dixit - Stiglitz 垄断竞争模型框架（Dixit & Stiglitz，1977），将"冰山运输成本"等空间因素纳入一般均衡分析中，旨在研究不完全竞争框架下，规模报酬、运输成本、市场结构与市场需求等因素对产业区位和贸易的影响，并强调了企业在利用规模报酬与节约运输成本之间的平衡（刘长全，2009）。规模报酬递增、不完全市场、贸易成本的存在和内生的公司区位等前提假设（Head & Mayer，2004），共同决定了本地市场效应，引发了产业集聚，而企业布局及其带来的劳动力流动或关联企业流动所决定的内生的需求区位，在本地市场效应的基础上加入了循环累积因素，路径依赖和区位锁定（Arthur，1988）使得报酬递增产业集聚的需求和收益进一步提高，具有流动性的要素进一步向市场规模较大的区域流动（Krugman，

1991b，1993）。值得指出的是，不同于传统经济学理论强调的"第一性"（first nature）的区域优势（Schmutzler，1999），新经济地理学更关注内生的后天优势（second nature）对产业集聚的促进作用。区域均质假设的存在，使得新经济地理模型存在对称均衡，由于该均衡的稳定性不能确定，均衡也可能导致所有报酬递增的企业集聚在同一地区，因此，新经济地理模型既分析了集聚作为一种均衡结果出现的条件（Krugman，1991b），又分析了在什么情况下该集聚分布是稳定的（Puga，1999），还针对均衡状态转变过程中"预期"的作用等展开了研究（Baldwin & Martin，2004）。此外，在克鲁格曼和维纳布尔斯（Krugman & Venables，1990）的基础上，Baldwin 等（Baldwin，1999；Baldwin & Forslid，2000）的研究指出，即使在不存在劳动力流动的情况下，要素积累也会通过需求关联作用而不断强化集聚。更进一步地，Martin 和 Ottaviano（2001）的研究还表明，要素积累的技术溢出同样会使生产集聚倾向加剧。

我国学者对产业集聚理论进行系统研究始于 20 世纪 90 年代，研究成果多为对国外相关理论的介绍与阐释，如李小建（1997）、仇保兴（1999）、安虎森和朱妍（2003）、陈良文和杨开忠（2006），对我国产业集聚现象的经验和对策研究，如黄勇（1999）、童昕和王缉慈（2001，2002），以及对产业集聚理论基本概念、分析框架、形成机制等问题的分析与探讨，如王缉慈（2001）、金祥荣和朱希伟（2002）、梁琦（2004）等，在这里不做具体论述。

（二）产业间协同集聚（co - agglomeration）理论

传统的产业集聚理论研究想要解释为什么同一行业内的企业要在邻近的区位上选址，并且企业越聚越多。而在目前的现实世界中，产业的空间集聚不仅仅是一个产业内部企业的地理临近，更多的是两个产业或多个产业之间的地理临近。随着技术进步和劳动力等生产要素流动性的不断加强，很多不同行业的企业开始在同一区域邻近选址，形成产业间集群，这一在更广泛基础上形成的多样化的产业集聚现象逐步引起了学者们的研究兴趣。产业间协同集聚试图去揭示两个不同行业的企业在同一区域邻近选址的内在动因，并重点关注具有产业关联的不同行业之间在空间分布上存在怎样的机制（Myrdal，1957；Kaldor，1978）。

产业间集聚研究的理论模型基本上都是以克鲁格曼（1991）提出的中

心 – 外围模型为基础。该模型假设在消费者偏好、生产技术、资源禀赋等均相同的均质区域内只存在农业（传统部门）和制造业（现代部门）两个部门，农业部门报酬不变、完全竞争、无运输成本，制造业部门报酬递增、不完全竞争、有运输成本，从而在控制自然因素影响的基础上着重分析在短期冲击作用下，本地市场效应、价格指数效应、需求关联与成本关联等循环累积及路径依赖导致的长期均衡的改变，并在一般均衡的分析框架下推演出制造业位于区域中心地区、农业位于区域外围地区的产业空间分布状态。具体来说，克鲁格曼通过引入劳动力流动使市场规模内生化，一方面，由于规模经济和运输成本的存在，制造商考虑到后向关联（backward linkage），倾向于选择在市场规模较大的地区进行生产，另一方面，作为工人的消费者基于交通成本和价格指数等前向关联（forward linkage），也倾向于选择在该地区生活和工作（Krugman，1996），地区生产结构和实际工资的差异引起劳动力流动和市场规模的进一步变化，循环累积效应最终导致制造业部门在一个地区集聚。

在产业间协同集聚的理论研究方面，比较经典的是维纳布尔斯（Anthony Venables，1996）提出的垂直关联模型。维纳布尔斯指出，上下游产业之间存在投入产出关联，一方面，下游产业作为上游产业的市场，市场进入成本的存在使得上游企业向下游企业较多的地区集中，另一方面，下游产业考虑到中间投入品的运输成本因素，也会更倾向于集中布局在上游企业较多的地区。不依赖劳动力流动，产业间的前后向联系也会使得上下游产业为节约运输成本和产生规模外部经济而在空间上接近（Venables，1996）。也就是说，需求关联对上游企业的作用和成本关联对下游企业的影响共同促使两个产业部门在区位选择上趋向于邻近布局，受到市场进入成本和中间投入品运输成本的影响，最终两个产业部门会形成产业集聚区。在垂直关联模型中，产业特征，即产业间投入产出关联的强度，与贸易成本一起决定了向心力与离心力的大小及相互作用情况。需要指出的是，交通运输成本也在模型中发挥重要作用，运输成本越高，上下游产业间集聚特征就越明显。

此后，除中心 – 外围模型外（Krugman & Venables，1995），Robert – Nicoud（2002）的 FCVL 模型（footloose capital，vertical linkages）以及 Ottaviano et al（2002）、Ottaviano 和 Robert – Nicoud（2004）的 FEVL（footloose entrepreneur, vertical linkages）也分别在最初的自由资本模型（FC 模型）（Martin & Rogers，1995）和自由企业家模型（FE 模型）（Forslid & Ottaviano，2003）的基础上，进一步考虑了垂直关联，即在企业生产函数中引入了包含中间品需求的组合投入，对模型进行了进一步的修正和改进。与此同时，很多学者还针对各类模型进行了检验和模拟，不断发展和完善维纳布尔斯的垂直关联模型。例如：Smith 和 Florida（1994）认为，产业之间的前后向关联是产业集聚和集聚经济产生的重要原因，他们发现，与其他日资汽车装配企业邻近是那些与汽车相关的日本制造业企业区位选择的重要影响因素。Wolf（1997）通过对消费品和中间投入品的货物运距的研究，验证了上下游企业之间在企业选址上存在为节约运费而相互接近的倾向。Hanson（1998）利用 1970~1990 年美国的数据估计了供求关联在空间上发挥作用的距离，并模拟了一个地区收入变化对其他地区工资水平和就业状况的影响。Redding 和 Venables（2004）利用 103 个国家的人均收入、双边贸易和制造业产品相对价格等数据对垂直关联模型进行了检验，研究发现，需求与成本间的关联能够解释 70% 的人均收入差异和 50% 的制造业工资差异。Amiti（2005）分析了贸易自由化对要素密集程度不同的、具有垂直关联的制造业部门的区位选择的影响。通过建立包含纵向关联在内的赫克歇尔－俄林框架，他的研究指出，低贸易成本会导致要素密集程度不同的上游企业和下游企业在同一区域集聚。Helsley 和 Strange（2012）认为城市的产业功能既不是绝对专业化也不是完全多样化，他们的研究打破了传统研究中地方化经济和城市化经济的严格分界，重点关注部分产业而非全部产业的协同集聚现象及其对生产效率的提升作用，并从产业间集聚的角度阐释了集聚经济的内涵。

二　实证研究进展

（一）国外相关研究成果

在实证研究方面，Ellison 和 Glaeser（1997）首次提出了产业间协同集聚指数，并将其应用于 1987 年美国 459 个制造业部门的数据分析中，在分别测度和比较二位码、三位码和四位码的产业间协同集聚程度的基础上，该研究指出，在美国下游行业对上游行业产品依赖关系最强的 100 对行业中，有 77 对行业的产业间协同集聚指数为正，即产业间协同集聚现象在具有上下游关联的行业之间普遍存在，从而有力地证明了产业间的前后向关联对产业间协同集聚的重要作用。此后，Ellison、Glaeser 和 Kerr（2007）利用 1972~1997 年美国制造业企业数据计算了美国制造业两两产业之间的协同集聚程度，并通过计量回归的方法证明了产业间集聚产生的原因也可以用马歇尔的外部性理论解释，即中间产品的投入、劳动力池的共享以及知识溢出都与产业间集聚程度相关。他们的研究还通过引入英国的制造业数据作为工具变量，实证分析得出了产业间的投入产出关系是制造业产业之间协同集聚的最主要动因、其次是劳动力池的共享的结论。

在 Ellison 和 Glaeser（1997）研究的基础上，国外很多学者将他们提出的测度产业间空间集聚程度的指标——产业间协同集聚指数（rc 指数）应用于制造业产业间协同集聚的实证分析，取得了丰硕的研究成果，见表 1-1。

表 1-1　国外产业间协同集聚的代表性研究成果

作者	研究对象	主要内容和结论
Mano 和 Otsuka（2000）	日本 1960~1973 年、1973~1980 年和 1980~1995 年三个时期的 5 个制造业部门	印证了 Henderson 等（1995）的研究结论，即产业内集聚主要发生在技术成熟产业内，而产业间集聚主要发生在新兴产业中
Dohse 和 Steude（2003）	德国市场新上市的企业	与传统经济和其他创新活动如专利申请、研究与开发等的空间格局进行比较，证实了不同行业之间协同集聚以及不同高技术产业之间知识溢出的存在
Barrios、Bertinelli 和 Strobl（2003）	爱尔兰 1983~1998 年的本土制造业和跨国制造业	证实了本土制造业和跨国制造业间的协同集聚对很多制造业部门工作的重要性。并且发现，跨国制造业的就业密度对这一时期就业增长尤其是对协同集聚程度较高的产业部门的就业增长起到了决定性作用
Devereux、Griffith 和 Simpson（2004）	英国的制造业	对 Ellison 和 Glaeser 提出的产业间协同集聚指数的计算方法进行了简化，并证实了在协同集聚程度较高的行业间，企业的生存率较高，新企业进驻和老企业衰亡的概率较低
Braunerhjelm 和 Borgman（2006）	瑞典的制造业	证实了 20 世纪 90 年代瑞典制造业内部存在产业间协同集聚现象，并且考虑到溢出效应和自然资源等因素，认为 Jacobs 外部性比 MAR 外部性表现得更为明显，即多个产业的共同集聚较之单一产业的集聚对提高劳动生产率和促进经济增长的作用更为显著

续表

作者	研究对象	主要内容和结论
Barrios、Bertinelli 和 Strobl（2006）	爱尔兰 1972～1999 年的 2 位码和 3 位码制造业	研究发现多数行业的协同集聚指数均有所提高，证明了协同集聚的存在和作用，并实证得出了跨国制造业与本土制造业间的集聚带来的溢出效应可以提高爱尔兰的劳动生产率并且扩大就业人数的结论
Herruo、Balteiro 和 Calvo（2008）	西班牙 2005 年的与木材相关的制造业	研究发现溢出效应和自然禀赋是木材相关制造业集聚的主要动因。从整体上看，木材制造业、造纸业、家具制造业等木材相关制造业之间的协同集聚程度低，溢出效应不明显，但其中纸浆和造纸业之间的产业协同集聚程度较高
Tokunaga 和 Kageyama（2008）	日本 1985 年、1990 年、1995 年和 2000 年的制造业	运用超对数成本函数和成本份额方程证实了产业集聚和产业间集聚现象的存在
Gallagher（2013）	美国的制造业	将产业间的运输成本和信息成本区别开来，认为两者均会对大都市层面的产业间集聚产生影响，同时还指出，直接信息成本对产业内集聚作用显著

此外，有学者将产业间集聚的研究对象拓展到服务业中，利用产业间协同集聚指数测算服务业之间以及制造业与服务业之间的协同集聚程度，如 Kolko（2007）、Jacobs 等（2013）。也有学者尝试用其他方法对产业间集聚现象进行研究，如联立方程模型（Andersson，2004；Krenz，2010；Ke 等，2014）、探索性空间数据分析（Rusche 等，2011）等，不断丰富了产业间集聚的相关研究。

（二）国内相关研究成果

国内关于产业间协同集聚的相关研究目前较少。究其原因，主要是产业间协同集聚指数的测度对数据要求较高，不仅需要各行业在各区域的产值（或从业人员）数据，而且需要各行业内企业集中程度的信息。

路江涌和陶志刚（2006）以二位数行业和三位数行业为研究对象，计算了行业大类与行业小类之间的区域共同集聚程度，并利用 1998～2003 年《中国工业企业数据库》，测算了 1997 年《中国投入产出表》内 71 个制造业分类相互间投入产出关系最强的 100 对行业每对之间的协同集聚程度。研究表明，我国的产业集聚不仅发生在同一行业内部，相关行业之间的相互作用和吸引也会产生产业间共聚；他们的研究还指出，1998～2003 年我国制造业行业间协同集聚程度呈上升趋势，且行业间的投入产出关系是影响两个行业协同集聚的重要因素。

马国霞、石敏俊和李娜（2007）基于 1997 年和 2005 年的《中国市场年鉴》以及 1997 年和 2002 年的《中国投入产出表》，利用产业间协同集聚指数测算了我国制造业两个行业之间的协同集聚程度，同样得出我国制造业之间协同集聚程度呈上升趋势的结论。他们的研究还指出，投入产出联系和规模外部经济是促进我国制造业产业间集聚的主要动因，纵向投入产出关联诱发了原料投入比例大的中间需求型产业和最终需求型产业之间的空间集聚，并且地理邻近有利于产业间投入产出联系的加强。

张卉（2007）的研究也将产业间协同集聚纳入考虑范围，指出 2003～2005 年，中国 17 个制造业大类内的中类产业之间均表现出明显的产业间共同集聚特征，由此说明多元化的 Jacobs 外部性比专业化的 MAR 外部性更加显著。此外，其对我国东部、中部、西部地区进行分别考察发现，产业集聚对东部地区劳动生产率的影响以产业内集聚为主，而对西部地区则主要体现在产业间集聚上，对中部地区而言，产业内和产业间集聚对劳动生产率的影响均显著为正。

石灵云（2008）指出，中国 28 个二位数制造业行业内的四位数行业之间均存在一定程度的区域共同集聚。他的研究还发现，产业内集聚和存在产业关联的产业间集聚均对劳动生产率存在显著的正向影响，中国的产业集聚不仅发生在同一行业内部，也发生在存在产业关联的上下游行业间。具体来说，对传统的劳动密集型行业、高新技术行业和资本密集型成熟行业而言，产业内集聚效应均较为显著，而存在产业关联的产业间集聚效应只在资本密集型成熟行业上表现显著。此外，范建勇和石灵云（2008，2009）的一系列相关研究也得出了相似的结论。

贺灿飞和朱彦刚（2010）针对外资和内资企业共同集聚的相关问题展开研究。数据表明，外资企业较内资企业更倾向于集中布局，外资和内资企业之间存在明显的共同集聚现象，并且受限于依赖基础产业中间投入的特殊外资企业的空间布局，设备、技术和劳动生产率的不同使得外资企业与内资企业的布局模式存在差异。此外，外部经济和知识外溢对外资和内资企业共同集聚起到积极的推动作用。而贺灿飞和肖晓俊（2012）的研究关注了不同类型的产业集聚对经济发展的不同影响。基于 2007 年中国工业普查数据，他们分析了多种类型产业集聚的特征，并分别考察了其对生产效率的影响。结果表明，某一产业集聚主要是由下属产业间共聚支撑的，但下属产业自身集聚才是促进效率提升的关键所在，相反，同一产业下属产业间共聚并不利于效率的提高。产业间协同集聚可能更倾向于跨行业的多样化共聚，而非同一产业内相邻下属产业间的协同集聚。

俞路（2011）也针对中国二位数制造业行业内的四位数行业之间的共同集聚现象展开研究，他的研究表明，中国制造业行业共同集聚程度近年来逐渐加强，除橡胶制品业外，其他 37 个二位数行业内的四位数行业间均存在共同集聚。一方面，自然资源密集型行业由于自身特点，共同集聚水平较高，另一方面，技术密集型行业共同集聚程度较高，相反，技术含量较低行业共同集聚程度较低，说明上下游产业间的知识外溢已经成为我国制造业产业共同集聚的主要动力。

同样，也有学者在制造业产业间协同集聚研究的基础上，将协同集聚引入服务业中，并重点关注某一生产性服务业与制造业之间的协同集聚现象，拓展了相关研究范畴。例如：赵放（2012）针对物流业与制造业之间的协同集聚研究指出，受到两者空间分布的影响，物流业与制造业在省级、地市级和城市市辖县范围内具有明显的空间协同集聚效应，而在城市市辖区范围内表现不显著。进一步的，两者之间的协同集聚带来的稠密市场外部性能够提升这两个行业的生产效率并促进整体经济的增长。彭红英（2015）认为，追求企业成本最小化和地区预期收益最大化促成了分销业与制造业的协同集聚。基于中国省际和地市级的行业面板数据实证分析表明，分销业与制造业在省际和地市级层面均呈现协同集聚现象，并且受到产业特征差异的影响，这种协同集聚在东部地区非常显著，而在中西部地区并不显著。分行业来看，分销业与强分销业依赖型制造业细分行业之间的协同集聚程度较高，而与强资源能源依赖型制造业细分行业之间的协同集聚程度较低甚至不形成协同集聚。

还有学者聚焦于某一种产业，关注其内部各细分行业之间以及其与其他产业之间的协同集聚现象。例如：陈国亮（2015）的研究聚焦于海洋产业的协同集聚，利用修正后的产业间协同集聚指数对中国海洋产业协同集聚的空间演化特征和形成机制进行了分析，并借助 Moran's I 指数对空间外溢效应进行了探索。他的研究发现，知识外溢和海陆联动有助于海洋产业协同集聚的实现，运输成本与第二、第三产业协同集聚成"倒 U"形关系，中心港口带动了协同集聚的形成。此外，海洋产业协同集聚存在空间外溢效应，并受区域边界约束。

三　评述

产业间协同集聚理论源自产业集聚理论的发展并与其一脉相承。自 19世纪末期产业集聚现象逐步进入学者们的研究视野以来，从外部性理论、工业区位理论、贸易理论、新产业区理论、企业集群理论到新经济地理学理论，学者们对产业集聚的认识不断深入，分别从不同角度对产业集聚现象的本质特征、影响因素和形成机制等相关问题进行了剖析和阐述。其中，城市化经济和地方化经济概念的提出将多个产业之间集聚与单一产业内部集聚区别开来，不同于同一行业内部多个企业形成的 MAR 外部性，不同行业之间的企业集聚在同一区域也会产生 Jacobs 外部性。近年来，基于新经济地理学的研究框架，以维纳布尔斯的研究为基础，存在投入产出关联的上下游产业之间的协同集聚现象作为产业集聚的一种特殊形式愈发受到学者们的关注。我国学者对产业集聚理论的研究与国外相比还处于探索性阶段，虽然紧跟国际理论研究前沿，并在学科交融上有一定创新，但还没能形成一套完整的、适合中国的产业集聚理论体系。

产业间协同集聚的实证研究多基于 Ellison 和 Glaeser（1997）提出的产业间协同集聚指数，后来也有学者对产业间协同集聚指数的算法进行了不同程度的改进和简化。学者们利用不同空间尺度、不同产业维度的数据计算产业间协同集聚指数，证实了产业间协同集聚现象的存在，并在此基础上进一步展开实证研究，研究内容有对不同产业之间协同集聚程度差异性的分析，有对不同时期、不同国家间的产业间协同集聚程度的对比，有对产业间协同集聚影响因素，如前后向关联、知识溢出、劳动力池的共享和运输、信息成本等的探讨，也有对产业间协同集聚对劳动生产率的提升和对经济增长的促进作用等的阐释。受数据可获得性的限制，我国对产业间协同集聚指数的测算目前还不很成熟，关于产业间协同集聚规范的实证研究也相对较少，亟待对产业间协同集聚的存在性、差异性和影响因素等方面的实证检验。

第三节 研究内容、研究方法与概念界定

一 研究内容

本书以中国制造业的产业间协同集聚现象为主要研究对象，主要的研究内容和拟解决的关键问题有以下4个。

问题1：两个制造业细分行业间协同集聚的影响机制如何？

从早期的马歇尔（Marshall）的外部性理论，到近些年出现的以克鲁格曼（Krugman）为代表的新经济地理学理论，关于制造业的空间集聚理论已经建立了一个相对比较成熟的分析框架。但是，已有研究多关注的是产业集聚这一笼统概念，并对单一产业地理集中的影响因素和集聚机制进行了深入剖析，而对两个制造业细分行业间的协同集聚这一特殊的产业集聚现象的机理探究较为缺乏。如何在原有的产业集聚理论的基础上搭建一个更为细分的分析框架，并揭示存在投入产出关联的两个制造业细分行业在空间分布上协同集聚的内在机制？本书主要就这一问题展开研究。

问题2：中国制造业产业间协同集聚是否存在，在哪些制造业细分行业或产业组合类型上表现较为明显？

虽然目前关于产业地理集中度的指标有很多，但是关于两个产业之间的地理集中度的指标并不多。Ellison和Glaeser（1997）提出的产业间协同集聚指数，得到了学术界的普遍认同，但受数据可获得性的限制，我国对产业间协同集聚指数的测算还不很成熟，国内已有研究对产业集聚的测度多针对单一产业。本书基于微观企业数据库，以区县为空间单元，试图综合考察两个制造业细分行业之间的空间协同性，并对不同制造业细分行业和不同类型产业组合的产业间协同集聚特征、差异性和演化进行分析。

问题3：两个制造业细分行业之间的产业关联是否会对他们的协同集聚程度产生影响，哪些制造业细分行业或产业组合类型的产业间协同集聚更容易受到产业关联的影响？

由于不同的产业集聚理论对产业集聚的影响因素进行了不同侧面的探

讨，因而在实证研究上，通常很难将不同的集聚力量进行分解，也很难覆盖影响产业集聚的各方面因素。本书重点关注影响产业间协同集聚的最为主要的决定因素——产业关联，基于各产业组合的产业关联度和产业间协同集聚指数相互对应的特征事实，拟通过面板数据回归分析我国制造业产业间协同集聚的影响因素，并利用空间计量手段，尝试性地探讨产业关联对中国制造业产业间协同集聚影响的空间差异性。

问题4：制造业产业间协同集聚现象在各地级市间是否存在差异，哪些因素导致了中国制造业产业间协同集聚的空间差异性？

我国幅员辽阔，自然资源禀赋、区位和交通条件、经济和产业发展水平、产业政策环境等区域差异较大，因此，各产业组合的产业间协同集聚程度在各地级市之间也一定不尽相同，产业间协同集聚的区域差异问题不容忽视。本书从区域差异的空间视角来审视我国制造业的产业间协同集聚，通过计算2003年和2011年各地级市各制造业细分行业之间的产业间协同集聚指数，分析各地级市产业间协同集聚水平和类型的差异和演化特征，并利用计量回归进一步探究我国制造业产业间协同集聚区域差异的主要影响因素。

本书拟采用以下技术路线展开研究。

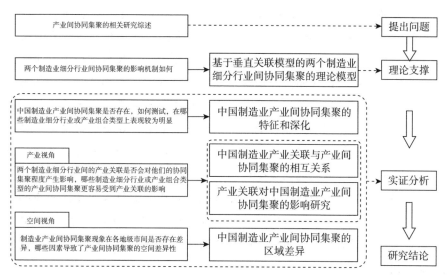

图1-1 技术路线

二 研究方法

制造业细分行业间的协同集聚研究是一个复杂的系统工程，本书在分析过程中，将区域经济学、产业经济学和城市经济学等学科理论相互融合，通过文献分析、对比分析、投入产出分析等基础分析方法，截面数据和面板数据计量回归、空间计量回归等实证研究方法，以及地理加权回归等探索性空间统计分析手段，对中国制造业的产业间协同集聚进行研究。

三 概念界定

（一）产业间协同集聚

关于产业集聚概念和内涵的讨论涵盖了经济学、管理学、社会学、技术经济学、创新研究等众多学科，形成了许多内涵相似但分析角度和表述方式不尽相同的概念（向世聪，2006）。从经济学角度来说，集聚（agglomeration）是指经济活动在地理空间上的群集，是经济活动者为了获得某些优势条件或利益而向特定区域聚集的过程（吴学花，2006）。产业集聚（industrial agglomeration）是指同一类型产业或者不同类型相关产业的众多企业在一定范围内的空间集中（宋伟，2009）。

产业间协同集聚（industrial co – agglomeration）有时也被译为"产业共聚"，是指不同类型产业在特定地理范围内高度集中的现象。Ellison 和 Glaeser（1997）最早利用产业间协同集聚指数对这一现象进行了测度。从一定程度上来说，产业间协同集聚主要源自测度方法的创新，从而拓展了测度和研究对象，提出了新的概念。产业间协同集聚既是产业集聚的一种特殊形式，又是在当前产业互动融合发展背景下对产业集聚理论的一种深化。相较于产业集聚，其强调的是不同类型产业在空间上的协同分布，并更关注不同产业之间的内在关联性，如投入产出联系、技术联系等。

本书研究的产业间协同集聚主要指两个制造业细分行业在同一空间范围内集中分布的现象，即以制造业细分行业 i - 制造业细分行业 j 形成的产业组合为研究对象，考察组成产业组合的两个制造业细分行业在空间分布上是否相互邻近。

（二）产业关联

产业关联（industrial relationship）是指在经济活动中，各产业之间存在的广泛的、复杂的和密切的相互依存和相互制约的技术经济联系（里昂惕夫，1980）。产业关联反映了产业间的关联机制，是一种静态的描述。产业关联分析又称投入产出分析，最早由美国经济学家里昂惕夫（Wassily Leontief）于 20 世纪 30 年代提出，主要用于系统分析经济实体中产业间以各种投入品和产出品为联结纽带的技术经济联系。按照产业间相互作用的传递方向，可以将产业关联分为后向关联与前向关联。其中，后向关联为需求联系，指当某产业部门的最终需求改变一个单位时整个国民经济总产出的变化量；前向关联是供给关系，反映国民经济各部门均增加一个单位最终使用时，某一部门由此而受到的需求感应程度。

本书主要基于《中国投入产出表》，重点关注从食品制造及烟草加工业到工艺品及其他制造业（含废品废料）共 16 个制造业细分行业之间的投入产出关联。[①]

（三）制造业

《国民经济行业分类与代码（GB/T 4754 - 2002）》中把制造业界定为"经物理变化或化学变化后成为新的产品，不论是动力机械制造，还是手工制作；也不论产品是批发销售，还是零售，均视为制造"，并将二位数代码在 13～43 这个区间的二位数行业界定为制造业。[②]

受数据可获得性限制，本书中的制造业为《中国投入产出表》中涉及的 16 个制造业细分行业，并根据要素密集程度，将制造业细分行业划分为劳动密集型、资本密集型以及技术密集型三种类型（江静等，2007）。其中，劳动密集型包括食品制造及烟草加工业、纺织业、纺织服装鞋帽皮革羽绒及其制品业、木材加工及家具制造业、造纸印刷及文教体育用品制造业、工艺品及其他制造业（含废品废料）6 个行业；资本密集型包括石油加工、炼焦及核燃料加工业，非金属矿物制品业，金属冶炼及压延加工业，金属制品业，通用、专用设备制造业，仪器仪表及文化办公用机械制造业 6 个行业；技术密集型包括交通运输设备制造业，电气机械及器材制造业，通信设备、计算机及其他电子设备制造业，化学 4 个行业。需要指

---

① 受《中国投入产出表（2010 年）》中制造业部门分类的限制，将《中国投入产出表（2002 年）》《中国投入产出表（2005 年）》《中国投入产出表（2007 年）》中工艺品及其他制造业和废品废料两个制造业部门进行合并，故共有 16 个制造业细分行业。

② 数据来源于国家统计局（http://www.stats.gov.cn）。

出的是，化学工业包含 5 个二位数代码制造业，其中，橡胶制品业和塑料制品业为劳动密集型制造业，化学原料及化学制品制造业、医药制造业和化学纤维制造业为技术密集型制造业，因此，化学工业是劳动（技术）密集型制造业。为方便产业组合的类型描述，本书将化学工业作为技术密集型制造业处理。

第二章

制造业产业间协同集聚的影响机制研究

从马歇尔外部性理论、韦伯工业区位理论、传统贸易理论、新贸易理论、新产业区理论、波特竞争理论，到新经济地理学理论，已有的产业集聚理论对产业集聚的影响机制均进行了不同侧面的探讨。本书的两个制造业细分行业间的协同集聚现象，是产业集聚的一种特殊类型，因此已有的产业集聚理论均可在一定程度上解释产业间协同集聚。本章从产业和空间两个视角探讨了中国制造业产业间协同集聚的影响机制，重点关注产业关联与产业间协同集聚之间的相互关系，并在 Venables 的垂直关联模型的基础上，尝试构建了两个制造业细分行业间协同集聚的理论模型，以期丰富产业间协同集聚的相关理论研究。

第一节　制造业产业间协同集聚影响机制的分析框架

制造业产业间协同集聚由两个制造业细分行业之间的产业特征、产业联系以及各制造业细分行业的地域范围、区域差异等多种因素综合决定。作为经济活动在空间层面的表现特征，产业间协同集聚现象在不同制造业细分行业之间以及不同空间单元之间均表现出一定的差异性。

一方面，各制造业细分行业的产业特性各不相同，不同制造业细分行业之间的产业关联也存在差异，因此，两个制造业细分行业间的协同集聚程度也不尽相同。一般来说，为追求外部规模经济，节约运输成本和交易成本，投入产出关联较强的两个制造业细分行业通常更倾向于在同一区域内协同分布。同样，为了共享劳动力市场，降低劳动力寻求成本并实现劳动力之间的相互流动和技能交流，劳动力需求，即所需劳动力素质和技能较为相近的两个制造业细分行业往往倾向于在空间上协同布局。而考虑到知识或技术溢出的地理局限性，为了分享和交流创新成果，实现知识、技术和信息等的互通互换，两个制造业细分行业也希望能够彼此邻近分布。与外部规模经济相反，两个制造业细分行业在资源需求和要素投入的类型和程度上存在差异性，进而会受到自然资源禀赋和要素供给的区域差异的影响而在空间上呈现分散布局的趋势。

另一方面，对某两个制造业细分行业而言，考虑到不同空间单元的区域属性和特征的差异性，两者之间的协同集聚程度也会呈现一定的区域差异。具体来说，首先，交通运输条件和交通运输成本是各制造业细分行业在区位选择过程中所要考量的重要因素之一；其次，信息传输成本可以通过影响一定区域内的知识或技术溢出效应而作用于制造业产业间的协同集聚；最后，受到政府力量和产业政策对各制造业细分行业空间分布的影响，不同区域之间的产业间协同集聚程度也会随之呈现一定的空间差异性。制造业产业间协同集聚影响机制的分析框架如图2-1所示。

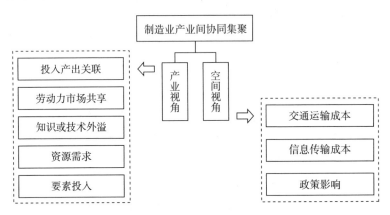

图 2-1 产业间协同集聚影响机制的分析框架

第二节　产业视角下的制造业产业间协同集聚影响机制

制造业的空间布局和产业间协同集聚受到集聚力和分散力的共同影响和作用，当集聚力大于分散力时，两个制造业细分行业之间呈现共同集聚的空间分布特征,而当分散力大于集聚力时,两个制造业细分行业之间会呈现分散布局。

一 集聚力

产业集聚的形成很大程度上得益于集聚所产生的外部规模经济,产业间协同集聚亦是如此。劳动力池的共享、中间产品的投入和知识溢出是产业在空间上集聚的根本动因(Marshall,1920)。其中,前两者是生产者之间通过市场所产生的货币外部性(pecuniary externalities),后者是由技术或其他关系所产生的生产函数上的技术外部性(technological externalities)(Viner,1931)。两种外部性相互包容,均可以导致经济活动在空间上集聚(Scitovsky,1954)。新经济地理学理论在马歇尔观点的基础上进一步论述了外部规模经济,提出了产业集聚的三个主要因素,包括劳动力市场共享、中间品的投入(产业的前后向联系)、知识或技术外溢(Krugman,1991a),得到了学者们的普遍认同。本书认为,产业间的投入产出关联、劳动力市场共享、知识或技术外溢,都在一定程度上促进了两个制造业细分行业间的协同集聚。对于产业间协同集聚而言,以上三种因素均在一定程度上发挥了积极作用,其中,产业的前后向联系,即产业间的投入产出关联影响最为突出和直接。

(一)投入产出关联

对于具有投入产出关联的两个制造业细分行业来说,上游制造业细分行业可以被视为"供应者",下游制造业细分行业则可以被视为"需求者"。在产业发展上,两个制造业细分行业相互促进,一般来说,上游制造业细分行业的发展可以降低下游制造业细分行业的生产成本和交易成本,促进其生产效率的提高。与此同时,下游制造业细分行业的发展也能够带来更多的中间品投入需求,从而推动上游制造业细分行业生产规模的扩大及生产效率的提升。

在区位选择和空间布局上,两个制造业细分行业之间的前后向联系使得两者相互影响和吸引,为了节约运输成本和产生外部规模经济而在空间上彼此接近(Venables,1996)。从作为"供给者"的上游制造业细分行业角度来看,一方面,上游制造业细分行业为满足更多的"需求者",渴望接近下游制造业细分行业集聚所创造的市场,以节省交易成本和市场进入成本；另一方面，上游制造业细分行业希望更好地了解和匹配下游制造业细分行业对中间投入品的需求，以获得市场竞争优势。因此，其区位选择会受到需求关联影响而趋向于在下游制造业细分行业相对集中的地区周围布局。从作为"需求者"的下游制造业细分行业角度来看，下游制造业细分行业既考虑到中间投入品的运输成本因素，从而降低生产成本和交易成本，又希望同时拥有更多"供应者"以备选择，因此，其区位选择也会受到成本关联影响而倾向于集中布局在上游制造业细分行业相对较多的地区周围。也就是说，需求关联对上游企业的作用和成本关联对下游企业的影响共同促使两个制造业细分行业在区位选择上趋向于邻近布局，受到市场进入成本、交易成本、中间投入品运输成本和生产成本等的影响，两个制造业细分行业最终会表现为产业间协同集聚。制造业的产业关联对产业间协同集聚的影响如图 2 - 2 所示。

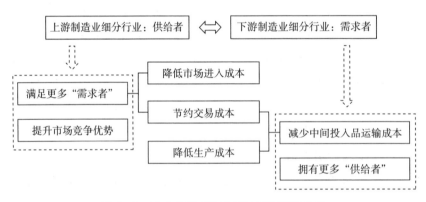

图 2 - 2　产业关联对产业间协同集聚的影响

（二）劳动力市场共享

一个产业或多个产业的厂商在同一区域内集中，可以集聚许多潜在的劳动力需求和潜在的劳动力供应，从而能够形成一个对厂商和劳动者都有利的共享的劳动力市场（Helsley & Strange, 1990）。一方面，对厂商而言，在这个稳定的多样化的劳动力市场中，厂商更容易雇用到所需的具有某项专业技能或一定劳动力素质的劳动者，实现与劳动力市场相关的成本节约；另一方面，对劳动者而言，在产业集聚区内，更多厂商的空间邻近也为劳动者提供了更多的就业机会和选择权利，便于他们在相近的工作机会间进行转换。

对产业间协同集聚而言，对劳动力素质或劳动者技能的需求具有一定匹配性的制造业细分行业之间更容易实现劳动力市场共享。具体来说，两个制造业细分行业的劳动力需求越相近，具有相应劳动力素质或专业技能的劳动者在两个制造业细分行业企业间的流动越容易，在一个制造业细分行业内就业的劳动者一旦失业，由于其具有相近的劳动经历和专业技能，因而能够较容易地在另一制造业细分行业内重新就业。基于这样的考虑，一方面，劳动力需求相近的两个制造业细分行业在同一区域集聚，能够为具有相应素质和技能的劳动者提供更多适宜的就业选择，形成相对集中的专业化劳动力市场，从而吸引更多的劳动者进入；另一方面，大量劳动者的集聚使劳动力市场不断扩大，减少了企业寻求适宜劳动力的时间，降低了企业培训熟练劳动力的成本，为这两个制造业细分行业的发展提供了劳动力支撑和保障，有助于增强其对不确定性的抵御能力，共享劳动力市场效应和规模经济，从而实现更进一步的协同集聚。相反，如果两个制造业细分行业的劳动力需求差异较大，由于适宜其中一个制造业细分行业的劳动者则很难转入另一制造业细分行业内就业，那么两个制造业细分行业之间也很难实现劳动力市场共享。

（三）知识或技术外溢

马歇尔理论认为，通过模仿和高技能劳动力的流动，同一产业内的相关企业很容易获取产业的特定知识和信息，从而有利于该产业的创新和发展（Marshall，1920）。Jacobs也关注到企业之间的知识溢出现象，并认为最重要的知识溢出发生在不同产业之间，同一地区产业的多样化使得不同产业之间有机会进行知识和信息交换，而这种跨产业的交流产生的知识溢出更有利于区域竞争力的提升和相关产业的进一步集聚（Jacobs，1969）。产业集聚使得制造业，尤其是技术密集型制造业的企业和劳动者更容易获得所在地区其他企业和劳动者的知识、观念、信息和技术（Audretsch & Feldman，1996；Glaeser & Gottlieb，2009）。

值得指出的是，一方面，知识或技术溢出产生的优势不仅体现在前沿技术方面，也体现在劳动力技能的获取方面（Lucas，1988）；另一方面，知识与技术的溢出受地理空间的影响较大（Arrow，1962；陈良文等，2006），信息在同一区域流动比远距离流动更容易。知识溢出尤其是非编码知识的传播和扩散往往局限在有限的地理范围内，并形成知识外溢的区域边界（Almeida，1999）。相对来说，在同一区域内，学习效应通常较为显著，并能更好地促进知识的创造、扩散和积累，通过产业间企业和劳动者的共享、匹配和学习机制（Durqnton，2003），新技术和新产品的信息在本地比在其他地区更容易流动和获得，因此集聚在本地的企业更容易得到本地知识和技术溢出的正外部性。

对于产业间协同集聚而言，知识或技术外溢主要表现在两个制造业细分行业的企业在空间上的协同定位能够加速知识、技术和信息的流动，为企业或劳动者之间的学习和再创新创造条件，从而促进两个制造业细分行业的进一步集聚。

二 分散力

（一） 资源需求的差异性

传统贸易理论强调的比较优势和赫克歇尔 - 俄林提出的要素禀赋理论等表明，自然资源禀赋等的区域差异在产业集聚过程中起到了重要作用。要素禀赋条件被称为"第一性"先天优势，由于要素禀赋条件的地区差异和不可流动性，每一地区最适于生产所需本地要素较丰富的产品，而不适于生产所需本地要素存量较少甚至没有的产品（Ohlin，1935）。从另一个角度来说，各制造业细分行业对各类型资源的需求和依赖存在偏好，在区位选择和空间布局过程中都会表现出在相应资源较为富集的区域集聚的倾向，受到各类型资源空间分配不均的影响，各制造业细分行业会呈现不同的空间分布特征。因此，资源禀赋是决定产业在何处集聚的因素之一，资源需求类型和程度的差异使得不同制造业细分行业呈现不同的空间分布格局。

自然资源禀赋的作用在两个制造业细分行业间的协同集聚上也不容忽视。对同一产业组合内的两个制造业细分行业而言，资源需求的差异性主要表现为两个方面。一方面，如果两者需要的资源类型不同，如一个为煤炭资源依赖型，另一个为水资源依赖型，由于各类型资源的空间分布不均且存在差异，那么这两个制造业细分行业在同一区域协同集聚的可能性相对较小；另一方面，如果两个制造业细分行业对同一种资源的需求程度差异较大，那么他们在同一区域共同分布的概率也会相对较低。也就是说，两个制造业细分行业的资源依赖类型和资源需求程度差异性越大，他们越倾向于分散布局，两者之间的产业间协同集聚现象越难发生。资源需求的差异性是两个制造业细分行业在产业间协同集聚方面最主要的分散力。

（二）要素投入的差异性

不同制造业细分行业的要素投入通常存在类型和程度的差异，而要素投入的差异性会使其在区位选择上做出不同的考量，从而呈现不同的空间分布形态。对于制造业来说，劳动力、资本和技术是最常涉及的要素投入类型。有的制造业细分行业（通常为劳动密集型制造业）的劳动投入强度较高，因而倾向于在相应劳动力素质和技能富集的区域集中布局。有的制造业细分行业（一般为资本密集型制造业）对资本投入的影响较为敏感，因而在空间分布上受到资本投入等经济因素的影响较大。还有的制造业细分行业（属于技术密集型制造业的可能性较大）十分看重技术投入，因而在区位选择上会更多地考虑知识学习、信息交换和技术创新等环境条件，青睐于在高科技人才较多、创新环境较优越的区域布局。

对产业间协同集聚而言，同自然资源需求的差异性一样，要素投入的差异性也是一种分散力，会导致两个制造业细分行业在空间分布上呈现不同的特征。如果同一产业组合内的两个制造业细分行业的主要要素投入类型不同或是同一要素投入程度的差异较大，那么他们在空间布局上协同集聚的可能性会相对较小。

综上所述，本书认为，对产业间协同集聚而言，集聚力主要表现为产业间的投入产出关联、劳动力市场共享以及知识或技术外溢，分散力主要表现为两个制造业细分行业之间的资源需求和要素投入的差异性。集聚力和分散力共同作用，决定了两个制造业细分行业是否会在同一区域协同集聚以及协同集聚程度的强弱。制造业产业间协同集聚的形成机制如图2-3所示。

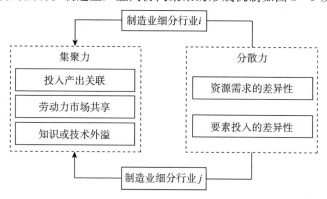

图 2-3　制造业产业间协同集聚的产业因素影响机制

需要指出的是，受到集聚力和分散力的共同影响，两个制造业细分行业之间的产业关联是影响两者在空间上协同分布的重要因素之一，但并不是唯一的决定因素，也不是不可或缺的必要因素。一方面，在空间分布上，有些具有产业关联的产业组合同时存在空间关联，即在同一空间范围内，这两个制造业细分行业会呈现相互影响或共同分布的特征，实现了产业间协同集聚；而另一些具有产业关联的制造业细分产业受到自然资源禀赋差异等其他因素的影响，在空间上并未出现集中分布的情形。另一方面，对于在空间上呈现协同集聚的产业组合来说，有些产业组合是由于两个制造业细分行业的产业关联而产生的空间关联，而也有些产业组合在空间上的协同集聚并不是主要由两个制造业细分行业之间的产业关联决定的，而是受到劳动力市场共享以及知识或技术外溢等其他因素的作用而形成的。

第三节　空间视角下的制造业产业间协同集聚影响机制

在空间层面上，制造业产业间协同集聚的区域差异主要是由不同区域的交通运输成本、信息传输成本和相关产业政策等的差异所导致的。

一　交通运输成本

由于制造业的生产和消费可以在时间和空间上分离，因此交通运输成本是各制造业细分行业空间分布和协同集聚的重要影响因素之一（尹希果和刘培森，2013）。现代交通运输手段的发展和交通运输网络的完善使得交通运输成本逐步下降（陈仲常，2005）。交通基础设施改善等同于市场一体化整合的效果，能够影响经济活动的空间分布（刘钜强和赵永亮，2010）。国内外很多学者的研究成果均表明，交通基础设施水平的提高对企业区位选择具有显著影响（魏后凯，2001；楚波和梁进社，2007）。新经济地理学认为，在交通条件欠佳的区域，交通成本较高，经济活动较分散，交通设施水平的改善会促进经济活动的集中，而交通设施水平的进一步提高反而会导致经济活动相对分散（Krugman，1991b）。也就是说，交通设施水平与区域产业集聚水平呈"倒 U"形关系。

产业间协同集聚作为产业集聚的一种特殊形式，同样受到交通运输成本的影响和作用。本书认为，对于经济发展和基础设施建设较为落后的区域来说，区域交通基础设施相对缺乏，交通运输水平普遍较低，各制造业细分行业受限于较差的交通可达性和高昂的交通运输成本而呈现分散布局。对于经济较为发达、基础设施建设较为完善的区域来说，由于交通运输条件和环境的逐步改善，交通基础设施对产业空间布局的局限和约束日益淡化，各制造业细分行业开始密切联系，在空间上协同集聚。而随着交通基础设施水平的进一步提高，发达的交通路网和完善的配套服务使得交通运输成本不断降低，交通运输成本在企业区位选择过程中的作用趋于弱化，不同制造业细分行业之间的协同集聚程度反而有所减弱。综上所述，区域交通运输条件的优劣和交通运输成本的高低在很大程度上决定了该区域产业间的协同集聚程度。不同区域之间由于交通基础设施建设水平存在差异，从而在制造业产业间的协同集聚上也不尽相同。

二　信息传输成本

前文分析已表明，知识或技术溢出能够促进两个制造业细分行业间的协同集聚。而知识或技术溢出在某一具体空间范围内的实现，在一定程度上受到信息传输成本和信息传输能力的影响（Mariotti & Piscitello，1995；Head & Ries，1996）。

与交通运输成本相似，本书认为，对于信息通信基础设施建设较为落后的区域而言，受到信息网络和通信设施等硬件条件的限制，信息传输能力较弱，信息传输成本较高，不同企业之间的信息交换和技术交流较难实现，从而在一定程度上减弱了两个制造业细分行业之间为共享知识或技术溢出而在空间上协同集聚分布的意愿和倾向。而对于信息网络相对发达、通信设施较为完善的区域而言，信息传输条件的改善和信息传输能力的提高，加之信息服务水平的提升，为不同企业和不同制造业细分行业之间的知识、观念、信息和技术等的交流和互动提供了便捷的渠道和优越的环境，随着信息传输成本的逐步降低，各制造业细分行业之间由知识或技术溢出而产生的联系更为密切，并在空间上呈现更为明显的协同集聚。由此可见，区域信息传输环境的优劣和信息传输成本的高低能够通过影响不同制造业细分行业之间的知识或技术外溢而在一定程度上决定该区域的产业间协同集聚程度。不同区域之间由于信息传输能力存在差异，而在制造业产业间协同集聚上表现不同。

三　政策影响

对于经济转型时期的中国来说，制度和政策在很大程度上决定了各个城市的经济发展重点和产业空间布局（金煜等，2006），因此，对经济制度和产业政策的理解是研究我国产业空间格局的重要视角（贺灿飞等，2008）。在已有的产业集聚的相关实证研究中，很多学者都关注到了经济和产业政策在产业集聚的区域差异方面的影响和作用（Dmurger et al，2002；Kanbur & xiaobo zhang，2005）。

本书认为，各区域的政府力量和产业政策会在很大程度上影响该区域各制造业细分行业的空间分布，从而导致不同区域之间产业间协同集聚程度的差异性。一方面，分权给予了地方政府更多的自主发展经济的权力，各城市政府可以通过基础设施建设、重点项目投资、财政补贴扶持等为区域社会经济发展提供更为优越的环境和条件，并在很大程度上影响该区域的产业发展方向和空间布局。一般来说，政府规模越大，对各制造业细分行业发展的影响作用越强，越能够促进各制造业细分行业在该区域的协同集聚。另一方面，我国中央政府在各地级市内设立了各类国家级开发区，并在园区内给予各种优惠政策，以吸引投资、发展产业。这种空间导向性的产业政策必然会影响资金、劳动力和技术等生产要素的流动，进而影响各制造业细分行业的空间布局和产业间协同集聚程度。对每个区域而言，开发区数量越多，各制造业细分行业发生产业间协同集聚的可能性越大。

第四节　制造业产业间协同集聚的理论模型

受到需求关联和成本关联的共同作用，产业关联较强的两个制造业细分行业通常更倾向于在同一区域邻近布局，表现为产业间的协同集聚。在此基础上，随着新一轮的产业革命的逐步深入，制造模式和产业形态发生了深刻变革，智能化和服务化已经成为制造业发展的新方向和新趋势。考虑到知识或技术溢出的地理局限性，为了分享和交流创新成果，实现知识、技术和信息等的互通互换，两个制造业细分行业也会希望能够彼此邻近分布，知识或技术溢出对制造业空间布局的影响愈发显著。本书在 Venables（1996）的垂直关联模型的基础上，考虑需求关联、成本关联、交通运输成本、信息传输成本等影响两个制造业细分行业在两个区域之间进行区位选择的主要因素，尝试构建了两个制造业细分行业间协同集聚的理论模型。

一　模型构建

在 Venables（1996）的垂直关联模型中，假设存在两个区域、两个产业部门，一个是提供中间投入品的上游部门，另一个是生产最终消费产品的下游部门，产业集聚主要源于企业间纵向的投入产出联系。在本书的产业间协同集聚模型中，同样假设存在两个区域、两个产业部门，并且两者之间具有垂直的产业关联。其中，上游部门为下游部门提供中间投入品以及知识或技术性服务，用 r 表示，下游部门仅能够生产最终消费品，用 m 表示，两个产业部门均处于垄断竞争市场，可以采用 Dixit – Stiglitz 垄断竞争模型对他们的市场特征进行描述。

在模型中，分别用上标 r 和 m 来对两个部门加以区分，用下标 1 和 2 来表示两个不同区域，上标带 $*$ 的变量表示对两个产业部门均适用。这样的变量设置，可以使得两区域模型由单一方程式表达，在一定程度上简化了模型的推演。

首先来看单个产业部门在两个区域之间的区位选择。假设各产业部门在两个区域均有分布，并且其中每个企业生产的产品均供应给每个区域。

从需求角度来看，假设消费者对产品的效用函数为不变替代弹性（CES）效用函数。由此，消费者对区域 1 中各产业部门的需求量可以定义为：

$$x_1^* = x_{1,1}^* + x_{1,2}^* = (p_1^*)^{-\delta}(q_1^*)^{\sigma-1}e_1^* + (p_1^*\tau)^{-\sigma}(q_2^*)^{\sigma-1}e_2^* \qquad (2-1)$$

其中，$x_{1,1}^*$ 和 $x_{1,2}^*$ 分别表示区域 1 中各产业部门在区域 1 和区域 2 的需求量，p_1^* 为各产业部门在区域 1 的产品价格，δ 为需求弹性，τ 为区域 1 中各产业部门的产品销售到区域 2 中所产生的额外成本，e_1^* 和 e_2^* 分别为区域 1 和区域 2 各产业部门的支出，q_1^* 和 q_2^* 分别为区域 1 和区域 2 各产业部门的产品价格指数，可定义为：

$$q_1^* = \left[n_1^* (p_1^*)^{1-\delta} + n_2^* (p_2^* \tau)^{1-\delta} \right]^{\frac{1}{1-\delta}} \qquad (2-2)$$

其中，n_1^* 和 n_2^* 分别为区域 1 和区域 2 各产业部门的企业数量。

从供给角度来看，区域 1 各产业部门每个企业的利润可以定义为：

$$\pi_1^* = (p_1^* - c_1^*)(x_{1,1}^* + x_{1,2}^*) - c_1^* y^* \qquad (2-3)$$

其中，c_1^* 表示边际成本，$c_1^* y^*$ 表示固定成本，$x_{1,1}^*$ 和 $x_{1,2}^*$ 分别表示区域 1 中各产业部门在区域 1 和区域 2 的产出水平。由此可得，利润最大化的一阶条件为：

$$p_1^* \left(1 - \frac{1}{\delta^*} \right) = c_1^* \qquad (2-4)$$

将公式（2-4）代入公式（2-3），可得：

$$x_{1,1}^* + x_{1,2}^* = y^* (\delta^* - 1) \qquad (2-5)$$

在均衡状态下，企业利润 $\pi_1^* = 0$，可知，企业的产出规模与边际成本无关。综合考虑需求和供给两方面因素，在单个产业的局部均衡分析中，支出 e^* 和边际成本 c_1^* 为外生变量，公式（2-1）和公式（2-5）共同决定了各产业部门的产品价格、产品价格指数、企业数量和产出水平。

在单个产业部门的局部均衡分析基础上，进一步考虑各产业部门在两个区域之间的区位选择问题。在本模型中，各产业部门的相对产出用 v^* 表示，相对成本用 ρ^* 表示，相对支出用 η^* 表示，由此可以得到：

$$v^* = \frac{n_1^* p_1^* (x_{1,1}^* + x_{1,2}^*)}{n_2^* p_2^* (x_{2,1}^* + x_{2,2}^*)}, \quad \rho^* = \frac{p_1^*}{p_2^*} = \frac{c_1^*}{c_2^*}, \quad \eta^* = \frac{e_1^*}{e_2^*} \qquad (2-6)$$

将公式（2-6）代入公式（2-2），可得两个区域之间的相对价格指数为：

$$\left(\frac{q_1^*}{q_2^*} \right)^{1-\delta} = \frac{v^* (\rho^*)^{-\delta} + \tau^{1-\delta}}{v^* (\rho^*)^{-\delta} \tau^{1-\delta} + 1} \qquad (2-7)$$

由公式（2-5）可知，各产业部门在两个区域的产品销售数量相同，即 $\frac{x_{1,1}^* + x_{1,2}^*}{x_{2,1}^* + x_{2,2}^2} = 1$。将公式（2-1）和公式（2-6）代入公式（2-7），可以得到：

$$(\rho^*)^\delta = \frac{\left(\dfrac{q_1^*}{q_2^*} \right)^{1-\delta} \eta^* + \tau^{1-\delta}}{\left(\dfrac{q_1^*}{q_2^*} \right)^{1-\delta} \eta^* \tau^{1-\delta} + 1} \qquad (2-8)$$

将公式（2-7）代入公式（2-8），求解 v^*，可以得到衡量各产业部门在两个区域之间进行区位选择倾向的相对产出：

$$v^* = \frac{n_i^* p_i^*}{n_i^* p_i^*} = \frac{\eta^*\left[(\rho^*)^\delta - \tau^{\delta-1}\right] + (\rho^*)^\delta - \tau^{1-\delta}}{\eta^*\left[(\rho^*)^{-\delta} - \tau^{1-\delta}\right] + (\rho^*)^{-\delta} - \tau^{\delta-1}} \text{或} v^* = f^*(\eta^*, \rho^*, \tau^*)$$

$$(2-9)$$

公式（2-9）表明，各产业部门在两个区域之间的区位选择由相对支出 η^*、相对成本 ρ^* 和额外成本 τ 三个因素共同决定。

需要指出的是，δ 为不同产品之间的替代弹性，对两个产业部门而言，假定该值相同。在本模型中，额外成本 τ 包含交通运输成本和信息传输成本两个部分，一方面，制造业企业提供的产品多为有形的，可以储存并可以进行远距离运输，因此从区域 1 销售到区域 2 所产生的额外成本主要为交通运输成本；另一方面，考虑到制造业发展的智能化和服务化趋势，制造业企业在提供有形产品的同时也能够提供一定的知识或技术性服务，因而他们的额外成本主要为信息传输成本。两个区域之间的额外成本 τ 为冰山成本，即每 τ 单位产品中只有一单位的产品能够运到另一区域。$\tau^{1-\delta} \in [0, 1]$，代表了地区之间的贸易自由度。

如同 Venables（1996）的垂直关联模型一样，在本模型中，也需要对所有部门的相对成本 ρ^* 加以限制。因为，一方面，如果 $\rho^* > \tau^{\frac{\delta-1}{\delta}}$，则分母为负，分子为正，这意味着该区域的企业数量为负，这在经济学上没有意义；另一方面，如果 $\rho^* < \tau^{\frac{1-\delta}{\delta}}$，则分子为负，分母为正，这意味着另一区域的企业数量为负。因此，为了确保相对价值函数不会为负值，在经济上有意义，从而保证某一区域的企业数量始终为正值，本模型应用了以下限制条件：

$$\tau^{\frac{1-\delta}{\delta}} < \rho^* < \tau^{\frac{\delta-1}{\delta}}$$

$$(2-10)$$

接下来，在单一产业部门的局部均衡分析的基础上，引入两个产业部门之间的垂直关联，即成本关联和需求关联，讨论两个产业部门在两个区域之间的区位选择问题。假设对产品的需求来自每个区域的消费支出，那么在本模型中，上游部门的相对支出和下游部门的相对成本是内生变量，上游部门的相对成本和下游部门的相对支出为外生变量，其中，下游部门的相对成本衡量了两个产业部门之间的成本关联，上游部门的相对支出衡量了两个产业部门之间的需求关联。

在成本关联方面，本模型用相对劳动力工资 ω 来衡量两个区域之间的相对劳动力投入成本，该变量在局部均衡中为外生变量，但在一般均衡中被内生化。对上游部门而言，仅使用劳动力作为投入要素，其成本函数由价格指数决定，对下游部门而言，其生产成本由劳动力投入和上游部门投入两部分构成，考虑到下游部门产出对于上游部门投入的弹性 μ，两个产业部门的成本函数为：

$$\begin{cases} C_1^r = w_1(\alpha + \beta x_1^r) \\ C_1^m = (w_1)^{1-\mu}(q_1^r)^\mu(\alpha + \beta x_1^m) \end{cases} \qquad (2-11)$$

其中，w_1 为区域 1 的劳动力工资，α 和 β 是固定和可变投入需求，假定两个部门的该值相同，不存在一般性损失。令 $\alpha = 1/\sigma$，$\beta = (\sigma-1)/\sigma$，并且强制 $x^* = 1$，则公式（2-11）可以简化为：

$$\begin{cases} C_1^r = w_1 \\ C_1^m = (w_1)^{1-\mu}(q_1^r)^\mu \end{cases} \qquad (2-12)$$

由此，两个部门在两个区域之间的相对成本可以表示为：

$$\begin{cases} \rho^r = \omega \\ \rho^m = \dfrac{c_2^m}{c_1^m} = \omega^{1-\mu}\left(\dfrac{q_2^r}{q_1^r}\right)^\mu \end{cases} \qquad (2-13)$$

将公式（2-7）代入公式（2-13），可得：

$$\begin{cases} \rho^r = \omega \\ \rho^m = \omega^{1-\mu}\left[\dfrac{v^r(\rho^r)^{-\sigma} + \tau^{1-\sigma}}{v^r(\rho^r)^{-\sigma}\tau^{1-\sigma} + 1}\right]^{-\frac{\mu}{1-\delta}} \end{cases} \qquad (2-14)$$

也就是说，两个产业部门之间的成本关联由相对劳动力工资、上游部门的相对产出和额外成本共同决定。

在需求关联方面，上游部门的需求来自下游部门，下游部门的需求来自居民的消费支出，同样，考虑到下游部门生产过程中上游部门的投入比重 μ，两个部门的相对支出可以表示为：

$$\begin{cases} \eta^m = \omega \\ \eta^r = v^m \end{cases} \quad (2-15)$$

综上所述，对下游部门来说，只存在一个后向关联，而对上游部门来说，只存在一个前向关联，利用一个部门的值表示另一个部门的值，可以对成本关联和需求关联进行如下定义：

$$\begin{cases} \rho^m = g^m(\omega, v^r, \tau) \\ \rho^r = \omega \end{cases} 和 \begin{cases} \eta^m = \omega \\ \eta^r = v^m \end{cases} \quad (2-16)$$

其中，成本关联 ρ^m 可以由下式得出：

$$\rho^m = \omega^{1-\mu} \left[\frac{v^r (\rho^r)^{-\sigma} + \tau^{1-\sigma}}{v^r (\rho^r)^{-\sigma} \tau^{1-\sigma} + 1} \right]^{\frac{\mu}{1-\delta}} \quad (2-17)$$

最后，在成本关联和需求关联的基础上，将两个部门的相对成本和相对支出分别代入公式（2-9），得到两个产业部门的区位均衡：

$$v^r = f^r(\eta^r, \rho^r, \tau^r) = f^r(v^m, \omega, \tau^r) \quad (2-18)$$

$$v^m = f^m(\eta^m, \rho^m, \tau^m) = f^m[\omega, g^m(\omega, v^r, \tau^r), \tau^m] \quad (2-19)$$

也就是说，给定 ω、τ^r 和 τ^m，就可以得到两个产业部门在两个区域之间的分布状况。由公式（2-18）可知，随着下游部门趋向于向某一区域集中布局，上游部门受到需求关联的影响也会随之向该区域集聚。由公式（2-19）可知，随着上游部门趋向于向某一区域集中布局，下游部门受到成本关联的影响也会随之向该区域集聚。综上所述，两个产业部门在两个区域之间进行区位选择的过程中，受到需求关联和成本关联的共同影响，会在空间上协同集聚，并且这种协同集聚程度由相对劳动力成本和额外成本等多种因素共同决定。

最后，本书试图探究在两个部门内部和两个部门之间存在知识或技术溢出的情况下，该模型会发生怎样的变化。暂且假设，只有上游部门可以从纯知识或技术溢出中受益。

在模型中，K_1^r 和 K_1^m 分别表示上游部门和下游部门在区域 1 内产出知识的测量值。引入知识或技术溢出背后的中心假设是，知识溢出的存在，增加了产业部门中投入的生产率，并且通过对产业部门中的投入需求进行 K_1^r 和 K_1^m 的反函数求解来实现。因此，单位 x_1^r 的总生产成本变为：

$$C_1^r = w_1 \left[\frac{\alpha}{(K_1^m)^{\delta m}(K_1^r)^{\delta r}} + \frac{\beta}{(K_1^m)^{\delta m}(K_1^r)^{\delta r}} x_1^r \right] \tag{2-20}$$

均衡时的成本函数可以变为：

$$\begin{cases} C_1^r = w_1 (K_1^m)^{-\delta m \to r}(K_1^r)^{-\delta r \to r} \\ C_1^m = (w_1)^{1-\mu}(q_1^r)^\mu (K_1^m)^{-\delta m \to m}(K_1^r)^{-\delta r \to m} \end{cases} \tag{2-21}$$

依据 Henderson（1997，2003）的研究，在简单的两个产业部门的框架内，存在两种不同类型的知识或技术溢出。第一种是部门内部的知识或技术溢出，即知识或技术来自其他上游部门企业，可以理解为 MAR 外部性；第二种是部门之间的知识或技术溢出，即知识或技术来源于下游部门企业，通过 Jacobs 外部性，降低了上游部门企业的生产成本。也就是说，知识或技术溢出效应的根本是生产成本的降低源于外部性，未为 K^m 和 K^r 付出代价，而是仅通过它们的参与，即降低了上游部门在产出水平一定时的投入需求量，进而提高了生产率。在产业间协同集聚模型中，两个知识溢出渠道通过引入假设值 δ^r 和 δ^m 来实现，它们的取值分别为 1 或 0。

K_1^* 为区域 1 内各产业部门可获得的知识总量，假定其等于每个区域内该产业部门的总产出值，再乘以地区间的贸易自由度：

$$K_1^* = n_1^* p_1^* + n_2^* p_2^* \tau^{1-\delta} \tag{2-22}$$

在公式（2-22）中，总产出值中也隐含了产出 x_1^* 和 x_2^* 的水平，在零利润条件下，每个区域的产出为单位水平，即 $x_1^* = x_2^* = 1$。尽管与更详细的知识生产函数相比，该值较为简化，但其也在一定程度上捕捉到了知识经济是企业数量及其产值的正函数，以及知识经济随距离衰减的事实。此外，这一变量的设定还意味着各区域的知识存量的相对大小，可以用相对产出 v^* 的形式表示。也就是说，相对成本不依赖于实际有效的知识或技术的比例。即使通常只有一部分可被测量的知识 $øK_1^*$ 对降低上游部门的生产成本有效，但这并不影响按照相对值来计算价值函数，因为在计算 K^* 值的时候，ø 值将被抵消。因此，按照相对值计算，上游部门的成本关联变为：

$$\rho^r = \omega(\kappa^m)^{-\delta m}(\kappa^r)^{-\delta r} \quad \text{其中}, \kappa^* = \frac{\kappa_1^*}{\kappa_2^*} = \frac{v^* + \tau^{1-\delta}}{v^* \tau^{1-\delta} + 1} \tag{2-23}$$

下游部门的成本关联 ρ^m，以及两个部门的需求关联 η^r 和 η^m，与基础模型相同。但是，由于下游成本 ρ^m 是上游成本 ρ^r 的函数，因此其也间接依赖于知识或技术溢出。这就意味着，即使假定只有上游部门从纯知识或技术溢出中获益，两个部门也均会受到影响。

二 均衡分析

为了分析不同知识溢出渠道和不同额外成本下两个产业部门的空间协同集聚情况，本书对假设值 δ^r 和 δ^m 分别取值为 1 或 0，以及额外成本 τ 较高或较低的各种情况进行了讨论。

在本模型的模拟过程中，采用与 Venables（1996）的垂直关联模型相同的参数设计，即 $\omega = \eta^m = 1$，$\sigma = 6$，$\mu = 0.5$。在产业间协同集聚模型稳定性的相图分析中，实线表示在下游部门 v^m 的位置一定的情况下，上游部门 v^r 的最佳区位选择，虚线表示在上游部门 v^r 的位置一定的情况下，下游部门 v^m 的最佳区位选择。也就是说在一个产业部门的相对产出一定时，另一个部门均会有一个最优的相对产出与之对应。

当 $\delta^r = 0$，$\delta^m = 0$ 时，即没有知识溢出渠道是活跃的时，上游部门和下游部门的相对产出情况如图 2 - 4 所示。在额外成本较低的情况下，由于企业没有必要为节约额外成本而临近最终消费市场，因而产业间协同集聚显得更为重要。在这种情况下，两个产业部门在两个区域的对称均衡不稳定，在同一区域的充分集聚是唯一的稳定均衡。而在额外成本较高的情况下，两个产业部门在两个区域的对称均衡是模型存在的唯一稳定的均衡解。

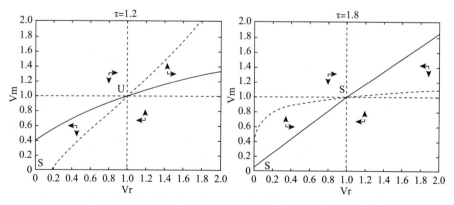

图 2 - 4 上游部门和下游部门均不存在知识溢出的情形（$\delta^r = 0$，$\delta^m = 0$）

当 $\delta^r = 0$，$\delta^m = 1$ 时，即只有下游部门存在知识或技术溢出时，上游部门和下游部门的相对产出情况如图 2 - 5 所示。在额外成本较低的情况下，下游部门的相对价值函数严格向下倾斜。虽然纯知识溢出仅发生在上游部门，但由于能够以较低的价格购买到相同的中间投入品，下游部门也能够间接地从知识溢出中受益，因此此种情形也会发生。在这种情况下，对称均衡不稳定，唯一的稳定均衡是两个部门在同一区域的充分集聚。而在额外成本较高的情况下，下游部门的价值函数递增，对称均衡和集聚均衡均稳定。

需要指出的是，在图 2 - 5 中，由于存在 Jacobs 外部性，当与上游部门提供的知识或技术性服务分离时，下游部门实际上产生了两次额外成本：第一次为上游部门到达另一区域时的知识或技术衰减，第二次发生在下游部门从其他区域引入知识或技术性中间投入时。这表明，在存在部门之间的 Jacobs 外部性的情况下，与知识生产相关的上游部门在区位选择时对额外成本较为敏感。

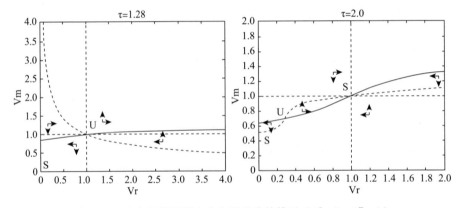

图 2 - 5　只有下游部门存在知识溢出的情形（$\delta^r = 0$，$\delta^m = 1$）

当 $\delta^r = 1$，$\delta^m = 0$ 时，即只有上游部门存在知识或技术溢出时，上游部门和下游部门的相对值情况如图 2 - 6 所示。在额外成本较低的情况下，上游部门的相对价值函数向下倾斜，并导致了黑洞效应。与图 2 - 5 中的情形相比，在额外成本较高的情况下，不管 v^r 低还是高，相对价值函数均向下倾斜，并在对称均衡处变为向上倾斜。尽管如此，其稳定预测与图 2 - 5 中情形相似，即在额外成本较低的情况下，分散的对称均衡不稳定，且会发生充分集聚，而在额外成本较高的情况下，对称均衡和集聚均衡均稳定。

与图 2 - 5 中的情形相比，在图 2 - 6 中，由于知识或技术溢出存在于部门内部，并且存在知识溢出的部门被假定为不使用任何中间投入品，因而它们在区位选择时对额外成本的敏感度较低。

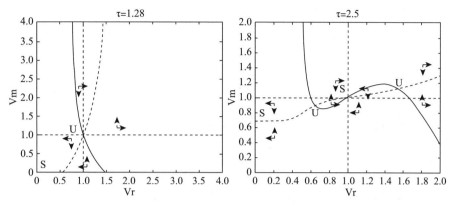

图 2 - 6　只有上游部门存在知识溢出的情形（$\delta^r = 1$，$\delta^m = 0$）

当 $\delta^r = 1$，$\delta^m = 1$ 时，即两个知识溢出渠道均活跃时，上游部门和下游部门的相对价值函数如图 2 - 7 所示。此种情形包含了只有上游部门存在知识溢出和只有下游部门存在知识溢出两种情形下的原理。f^m 曲线的总体走势与图 2 - 5 中的类似，而 f^r 则在图 2 - 6 中有所反映。在额外成本较低的情况下，两条相对价值曲线均递减，由于存在假定的产业关联，下游部门比上游部门对距离产生的知识衰减更为敏感，远离两条曲线的偏差并未得到纠正反而被放大，因此，两个产业部门会在同一区域内稳定集聚。而在额外成本较高的情况下，与图 2 - 5 和图 2 - 6 所示的模拟一致，对称均衡和集聚均衡均是稳定的。

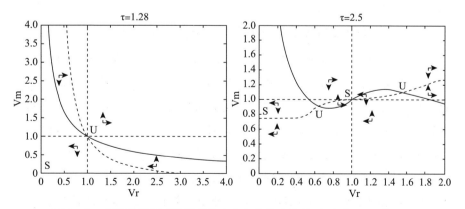

图 2 - 7　上游部门和下游部门均存在知识溢出的情形（$\delta^r = 1$，$\delta^m = 1$）

| 第三章 |

中国制造业产业间协同集聚的特征和演化

改革开放以来，伴随着市场化和全球化进程的不断加速，中国制造业在不同空间尺度上的集聚现象越来越显著，并且这种空间集聚已经越来越多地超越一个产业内部的企业而扩展到两个或多个产业之间。本章对中国制造业各细分行业两两之间协同集聚的现实状况和演化特征等进行了全面而系统的梳理，以期通过事实阐明中国制造业产业间协同集聚现象是否存在、程度如何，以及不同制造业细分行业和不同类型产业组合之间的差异性等。

第一节 中国制造业产业间协同集聚的总体特征

一 研究方法与数据说明

（一）产业间协同集聚指数的测度方法

在产业集聚的相关研究中，最为基础的工作是对产业集聚程度进行科学和准确的测度，产业间协同集聚亦是如此。对本书而言，选择产业间协同集聚指数的测度方法十分重要，直接关系后文产业关联与产业间协同集聚的相互关系、产业间协同集聚的影响因素和区域差异等相关研究的科学性和可信度。本书首先对产业间协同集聚的测度方法进行了梳理，以实现对全国和各地级市的产业间协同集聚程度的科学和准确测度。

Duranton 和 Overman（2002）对产业集聚指标应该满足的性质进行了分析，并对已有的产业集聚指标进行了分类（Duranton & Overman，2005）。他们的研究指出，第一类产业集聚指数能够控制制造业总体的集聚影响，并在各制造业细分行业之间具有可比性，这样的产业集聚指数主要包括区位熵（location quotient）、空间基尼系数（spatial Gini coefficient）、赫芬达尔指数（HHI, Herfindahl - Hirschman Index）和胡佛指数（Hoover Index）等，实质上，这些指数反映更多的是对产业地理分布的不均衡，即对产业在空间上的地理集中进行的测度。以赫芬达尔指数为例。

赫芬达尔指数最初是用来衡量市场结构的一个主要指标，是行业内所有企业市场份额的平方和，后来逐步被引入产业集聚方面的研究中，用来衡量产业集中程度（Davies & Lyon，1996；Karl & Michael，2004）。

$$HHI_{ik} \sum_{i=k} s_{ij}^2, \ S_{ij} = x_{ij}/x_i \qquad (3-1)$$

其中，x_{ij}可以代表某地区某产业的产值（或从业人员）等，从而反映该产业在不同区域的分布特征。HHI 的取值范围为 $1/n$ 至 1，当该产业在各区域之间均匀分布时，$HHI = 1/n$，当该产业完全在某一区域集中时，$HHI = 1$。

第二类产业集聚指数在第一类的基础上进一步发展，将不同行业内企业集中程度的差异性纳入考虑范围，消除了企业规模差异对产业地理分布的影响，从而避免了在产业集聚程度的测度过程中出现空间层级越低、集聚程度越高的情况，这类指数主要是指 r_{EG} 指数（Ellison & Glaeser，1997）和 r_{MS} 指数（Maurel & Sedillot，1999）。其中，r_{EG} 指数的构造基于企业定位概率模型，认为企业的区位选择源自企业的利润最大化决策。Ellison 和 Glaeser 首先定义了一个总体地理集中度指数：

$$G = \sum_i (s_i - x_i)^2 \qquad (3-2)$$

其中，s_i 为某产业 i 地区产值（或从业人员）占该产业全国产值（或从业人员）的比重，x_i 为 i 地区产值（或从业人员）占全国总产值（或从业人员）的比重。G 的期望值为：

$$E(G) = (1 - \sum_i x_i^2)[r_{EG} + (1 - r_{EG})H] \qquad (3-3)$$

其中，H 为赫芬达尔指数。由此，可以推导出 r_{EG} 指数的计算公式为：

$$r_{EG} = \frac{\sum_i (s_i - x_i)^2/(1 - \sum_i x_i^2) - H}{1 - H} \qquad (3-4)$$

Maurel 和 Sedillot（1999）对 Ellison 和 Glaeser 提出的产业间协同集聚

指数进行了改进，提出了与其相近的 r_{MS} 指数，使得估计含义更明了：

$$r_{MS} = \frac{G_{MS} - (1 - \sum_i x_i^2)H}{(1 - \sum_i x_i^2)(1 - H)}，其中 G_{MS} = \sum_i s_i^2 - \sum_i x_i^2 \qquad (3-5)$$

r_{EG} 指数的提出是产业集聚测度方法研究中的一个里程碑，但其以行政区域为单元来研究产业集聚，仍然存在空间尺度和产业分类的不同会改变指数估计值的无偏性，以及未能针对估计结果进行显著性检验等问题。为解决上述问题，Duranton 和 Overman（2002，2005）提出了第三类指数，试图将空间距离纳入研究范围内，以企业的空间分布数据为基础构造产业集聚指标。这种方法对于数据和计算工具的要求很高，不仅需要每个企业精确的地理位置，而且需要计算每个企业在不同半径内的其他企业数目等，因此可操作性较差。

本书使用的产业间协同集聚指数，属于第二类指数，也是由 Ellison 和 Glaeser 于 1997 年提出的。在 r_{EG} 指数的基础上，Ellison 和 Glaeser 进一步考虑到存在产业关联的行业的企业区域集聚所带来的外部效应，提出了产业间协同集聚指数（r^c 指数）。也就是说，在产业集聚过程中，企业不仅仅与本产业的其他企业发生集聚，也会与相关产业的企业发生集聚。Ellison 和 Glaeser 首先构造了一个测度某一大类行业中各小类行业中企业的产业间协同集聚程度的计算公式：

$$r_j^c = \frac{\left[G_j/(1 - \sum_r x_r^2) \right] - H_j - \sum_{i=1}^j r_i w_i^2(1 - H_i)}{1 - \sum_{i=1}^j w_i^2} \qquad (3-6)$$

其中，j 表示大类行业，并且其中有 j 个小类行业，i 代表小类行业，r 代表区域，G_j 为大类行业 j 的地理集中度，$G_j = \sum_r (x_r - s_r)^2$，$r_i$ 为小类行业 i 的 r_{EG} 指数，w_i 为小类行业 i 的产值（或从业人员）在大类行业 j 中所占的比例，H_i 为小类行业 i 的赫芬达尔指数，H_j 为大类行业 j 中 i 个小类行业的赫芬达尔指数的加权平均值，$H_j = \sum_i w_i^2 H_i$。

此后，Ellison 和 Glaeser（1997）又在 r_j^c 的基础上提出了 r_2^c，用以较为准确地测算两个产业之间的空间集聚程度，有利于产业之间或地区之间的比较研究。两个产业之间的协同集聚指数的计算公式为：

$$r_2^c = \frac{\left[G_2 / (1 - \sum_r x_r^2) \right] - H_2 - \sum_{i=1}^2 r_i w_i^2 (1 - H_i)}{1 - \sum_{i=1}^2 w_i^2} \qquad (3-7)$$

其中，i 代表行业，$i=1$ 或 2，r 代表区域，G_2 为两个产业整体的地理集中度，H_2 为两个行业的赫芬达尔指数的加权平均。

本书采用 Ellison 和 Glaeser（1997）提出的测度产业间空间集聚程度的指标——产业间协同集聚指数（r^c 指数）来测度中国制造业产业间的协同集聚程度。

在具体的计算方法上，采用 Devereux、Griffith 等人（2004）提出的简化算法，公式为：

$$r_{ij} = \frac{H_{ij} - (H_i \times w_i^2 + H_j \times w_j^2)}{1 - (w_i^2 + w_j^2)} \qquad (3-8)$$

其中，w_i、w_j 为权重指标，用单个产业产值（或从业人员）占两个产业产值（或从业人员）之和的比重表示。H_i、H_j、H_{ij} 分别代表产业 i、产业 j 以及两个产业整体的地理集中度，本书中用赫芬达尔指数（Herfindahl - Index）来计算：

$$H = \sum_{k=1}^n S_k^2 - \frac{1}{n} \qquad (3-9)$$

其中，S_k 为某产业第 k 个地区的产值（或从业人员）占该产业整个区域产值（或从业人员）的比重，n 为地区个数。计算出来的 r_{ij} 值越大，就表示产业 i 和产业 j 之间集聚度越高，空间分布上越邻近。

（二）数据说明

一般来说，产业集聚研究都是按照行政区划来划分区域单元的，通常用企业所在的行政区划来确定其位置。在产业间协同集聚指数的计算过程中，越细分的行政区划得出的结果越为精确。因此，为了更为细致准确地反映中国制造业产业间协同集聚的现实状况，本书采用区（县）为基本空间单元进行考察。地图资料以中国科学院资源环境科学数据中心提供的中华人民共和国行政区划地图为底图，并进行了数字化处理。[1]

---

[1] 受数据可获得性限制，本书研究范围未包括香港特别行政区、澳门特别行政区和台湾省。

数据类型方面，鉴于本书的研究对象为制造业，而工业总产值较从业人员数更能反映制造业的发展状况，因此，本书采用各制造业细分行业的工业总产值来计算产业间协同集聚指数。该数据来源于《中国工业企业数据库（2003~2011）》，由微观的工业企业数据按照 16 个制造业细分行业和区（县）进行汇总得出。

为后文研究表述方便，在这里首先将 16 个制造业细分行业进行编号，m1 为食品制造及烟草加工业，m2 为纺织业，等等，并将劳动密集型制造业表示为 l，资本密集型制造业表示为 k，技术密集型制造业表示为 t，如表 3 - 1 所示。

表 3 - 1　16 个制造业细分行业编号及产业类型对照

编号	细分行业名称	产业类型
m1	食品制造及烟草加工业	l
m2	纺织业	l
m3	纺织服装鞋帽皮革羽绒及其制品业	l
m4	木材加工及家具制造业	l
m5	造纸印刷及文教体育用品制造业	l
m6	石油加工、炼焦及核燃料加工业	k
m7	化学工业	t
m8	非金属矿物制品业	k
m9	金属冶炼及压延加工业	k
m10	金属制品业	k
m11	通用、专用设备制造业	k
m12	交通运输设备制造业	t
m13	电气机械及器材制造业	t
m14	通信设备、计算机及其他电子设备制造业	t
m15	仪器仪表及文化办公用机械制造业	k
m16	工艺品及其他制造业（含废品废料）	l

二　产业间协同集聚指数测度

16 个制造业细分行业两两之间组成一个产业组合，除去自身，共得到 120 个产业组合。利用公式（3 - 8）和公式（3 - 9）以及 2011 年《中国工业企业数据库》中的工业总产值数据，以区（县）为空间单元，分别计算每个产业组合的产业间协同集聚指数，得到 2011 年中国制造业各细分行业间协同集聚指数矩阵（如附录Ⅱ所示）。

参照 Ellison 和 Glaeser（1997）的研究，如果某一产业组合随机分布，那么产业间协同集聚指数为 0，如果某一产业组合的两个制造业细分行业之间存在协同集聚，则产业间协同集聚指数为正值，反之为负值。2011 年，120 个产业组合的产业间协同集聚指数均为正值，说明组成每个产业组合的两个制造业细分行业之间均存在一定的协同集聚现象，这可能是本书选取的研究对象（16 个制造业细分行业）的分类较粗所导致的。

在 120 个产业组合中，产业间协同集聚指数最大的产业组合为通信设备、计算机及其他电子设备制造业（m14）－仪器仪表及文化办公用机械制造业（m15），产业间协同集聚指数为 0.01474，远高于其他产业组合。两个制造业细分行业均主要分布在东部沿海地区，尤以京津、长三角和珠三角区域为主。产业间协同集聚指数最小的产业组合为纺织服装鞋帽皮革羽绒及其制品业（m3）－石油加工、炼焦及核燃料加工业（m6），产业间协同集聚指数为 0.00022。

计算 120 个产业组合产业间协同集聚指数的平均值，为 0.00270。在 120 个产业组合中，大于平均值的产业组合有 49 个，占 40.83%。以 0.001 为间距绘制 120 个产业组合的产业间协同集聚指数频率分布直方图（如图 3－1 所示），可以发现，产业间协同集聚指数主要集中在 0.001 到 0.003 之间，占 56.25%。

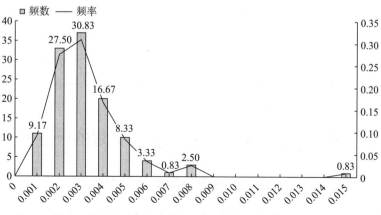

图 3－1　120 个产业组合的产业间协同集聚指数频率分布（2011 年）

将 120 个产业组合的产业间协同集聚指数由大至小进行排序，排名前 10 位和排名后 10 位的产业组合如表 3 – 2 所示。可以发现，在产业间协同集聚指数较高的 10 个产业组合中，有 7 个涉及通信设备、计算机及其他电子设备制造业（m14），为技术密集型制造业，有 4 个涉及仪器仪表及文化办公用机械制造业（m15），为资本密集型制造业，说明这两个制造业细分行业与其他制造业细分行业之间组成的产业组合的产业间协同集聚程度较高的可能性较大，在空间分布上更容易与其他制造业细分行业发生产业间协同集聚。除排名第五位的产业组合涉及的造纸印刷及文教体育用品制造业（m5）为劳动密集型制造业以外，其他制造业细分行业均为资本密集型或技术密集型制造业。在产业间协同集聚指数较低的 10 个产业组合中，有 5 个涉及石油加工、炼焦及核燃料加工业（m6），有 4 个涉及金属冶炼及压延加工业（m9），两者均为资本密集型制造业，这也在一定程度上表明，这两个制造业细分行业与其他制造业细分行业组成的产业组合的产业间协同集聚程度较低的可能性较大。

表 3 – 2 产业间协同集聚指数排名前 10 位和后 10 位的产业组合（2011 年）

协同集聚指数排名前 10 位的产业组合			协同集聚指数排名后 10 位的产业组合		
序号	产业组合名称	协同集聚指数	序号	产业组合名称	协同集聚指数
1	m14 – m15	0.01474	1	m3 – m6	0.00022
2	m11 – m14	0.00799	2	m3 – m9	0.00056
3	m13 – m14	0.00794	3	m1 – m9	0.00069
4	m12 – m14	0.00749	4	m4 – m9	0.00078
5	m5 – m14	0.00640	5	m2 – m6	0.00082
6	m10 – m14	0.00573	6	m1 – m6	0.00084
7	m11 – m15	0.00535	7	m4 – m6	0.00086
8	m7 – m14	0.00523	8	m6 – m9	0.00092
9	m13 – m15	0.00510	9	m1 – m8	0.00094
10	m12 – m15	0.00483	10	m1 – m3	0.00095

第二节 中国制造业产业间协同集聚的行业差异

一 不同细分行业的产业间协同集聚程度比较

对 2011 年中国制造业各细分行业的协同集聚程度进行分析。每个制造业细分行业会与除自身之外的其他 15 个制造业细分行业组成 15 个产业组合。分别将每个制造业细分行业的 15 个产业间协同集聚指数进行排序，得到最高值、最低值，并求平均值，再将最高值从大到小、最低值从小到大、平均值从小到大进行排序，如表 3 - 3 所示。

表 3 - 3　各制造业细分行业产业间协同集聚指数统计分析（2011 年）

编号	细分行业名称	最高值		最低值		平均值		高于总体平均值的产业组合个数
		值	排名	值	排名	值	排名	
m1	食品制造及烟草加工业	0.00280	16	0.00069	4	0.00129	16	1
m2	纺织业	0.00425	11	0.00082	6	0.00263	9	9
m3	纺织服装鞋帽皮革羽绒及其制品业	0.00438	9	0.00022	1	0.00197	12	3
m4	木材加工及家具制造业	0.00390	13	0.00078	5	0.00202	11	3
m5	造纸印刷及文教体育用品制造业	0.00640	6	0.00123	10	0.00266	7	9
m6	石油加工、炼焦及核燃料加工业	0.00406	12	0.00022	1	0.00153	14	2
m7	化学工业	0.00523	8	0.00130	12	0.00264	8	8
m8	非金属矿物制品业	0.00301	15	0.00094	7	0.00164	13	1
m9	金属冶炼及压延加工业	0.00320	14	0.00056	3	0.00138	15	2
m10	金属制品业	0.00573	7	0.00133	14	0.00304	4	10
m11	通用、专用设备制造业	0.00799	3	0.00180	16	0.00309	3	8
m12	交通运输设备制造业	0.00749	5	0.00125	11	0.00290	5	8
m13	电气机械及器材制造业	0.00794	4	0.00132	13	0.00290	5	8
m14	通信设备、计算机及其他电子设备制造业	0.01474	1	0.00169	15	0.00494	1	13
m15	仪器仪表及文化办公用机械制造业	0.01474	1	0.00118	9	0.00370	2	9
m16	工艺品及其他制造业（含废品废料）	0.00438	10	0.00098	8	0.00219	10	4

结果显示，对各制造业细分行业而言，产业间协同集聚指数最高值和平均值的排序基本一致，前 4 位分别是通信设备、计算机及其他电子设备制造业（m14），仪器仪表及文化办公用机械制造业（m15），通用、专用

设备制造业（m11）和电气机械及器材制造业（m13），其中，m11 和 m15
为资本密集型制造业，m13 和 m14 为技术密集型制造业。后 4 位依次为食
品制造及烟草加工业（m1）、非金属矿物制品业（m8）、金属冶炼及压延
加工业（m9）和木材加工及家具制造业（m4），其中，m1 和 m4 为劳动密
集型制造业，m8 和 m9 为资本密集型制造业。产业间协同集聚指数最低值
排名前 4 的是纺织服装鞋帽皮革羽绒及其制品业（m3），石油加工、炼焦
及核燃料加工业（m6），金属冶炼及压延加工业（m9）和食品制造及烟草
加工业（m1），其中，m3 为劳动密集型制造业；后 4 位为金属制品业
（m10），通信设备、计算机及其他电子设备制造业（m14）、通用、专用设
备制造业（m11）和电气机械及器材制造业（m13），其中，m10 为资本密
集型制造业。可以发现，产业间协同集聚指数最高值和最低值的排序大体
相反，即最高值较高的制造业细分行业的最低值也相对较高，并集中出现
在几个细分行业当中。说明通用、专用设备制造业（m11），电气机械及器
材制造业（m13），通信设备、计算机及其他电子设备制造业（m14）等制
造业细分行业的产业间协同集聚程度总体较高，更容易与其他细分行业发
生产业间协同集聚，在空间上邻近分布，而食品制造及烟草加工业（m1）
和金属冶炼及压延加工业（m9）等制造业细分行业的产业间协同集聚程度
普遍偏低。

　　进一步的，分别将 16 个制造业细分行业的产业间协同集聚指数离散程
度反映在图上（如图 3-2 所示），可知，产业间协同集聚指数离散程度较
高的制造业细分行业依次为通信设备、计算机及其他电子设备制造业
（m14）、仪器仪表及文化办公用机械制造业（m15）、电气机械及器材制造
业（m13）、通用、专用设备制造业（m11）和交通运输设备制造业
（m12），而较为集中的依次为非金属矿物制品业（m8）、食品制造及烟草
加工业（m1）、金属冶炼及压延加工业（m9）、木材加工及家具制造业
（m4）和工艺品及其他制造业（含废品废料）（m16），不仅涉及的制造业
细分行业与平均值几乎一致，排序也大体上相同。也就是说，产业间协同
集聚指数平均值较大的制造业细分行业，该指数的标准差也较大。推及至
16 个制造业细分行业，可以发现，每个细分行业产业间协同集聚指数的平
均值与标准差的变化趋势基本相同，（如图 3-3 所示）即对这 16 个制造
业细分行业而言，产业间协同集聚程度的平均水平越高，离散程度越大。

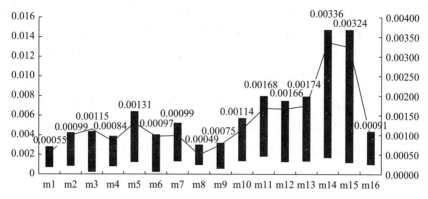

图 3 - 2 各制造业细分行业产业间协同集聚指数的离散程度（2011 年）

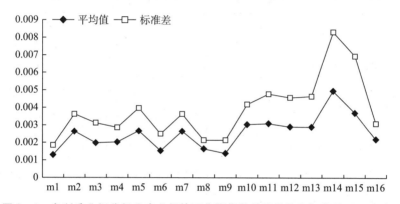

图 3 - 3 各制造业细分行业产业间协同集聚指数的平均值和标准差（2011 年）

此外，与前文所述的 120 个产业组合的产业间协同集聚指数的平均值（0.00270）进行比较，在大于平均值的 49 个产业组合中，有 13 个涉及通信设备、计算机及其他电子设备制造业（m14），10 个涉及金属制品业（m10），说明这些制造业细分行业与其他制造业细分行业之间的协同集聚程度较高的概率更高，可能性更大。反之，食品制造及烟草加工业（m1）和非金属矿物制品业（m8）与其他制造业细分行业组成产业间协同集聚程度较高的产业组合的概率相对较低。

最后，将每个制造业细分行业的 15 个协同集聚指数进行排序，取前 20%（3 个）和后 20%（3 个），如表 3 - 4 所示。可以发现，一方面，除纺织服装鞋帽皮革羽绒及其制品业（m3）和工艺品及其他制造业（含废品废料）（m16）外，与其他制造业细分行业产业间协同集聚指数较高的前 20% 的制造业细分行业中均至少有一个为技术密集型制造业，而对所有制造业细分行业来说，与其产业间协同集聚指数较低的后 20% 的制造业细分行业均为劳动密集型或资本密集型制造业。另一方面，在前 20% 的 48 个制造业细分行业中，通信设备、计算机及其他电子设备制造业（m14）出现的次数最多，其次为通用、专用设备制造业（m11）和仪器仪表及文化办公用机械制造业（m15），说明这些制造业细分行业与其他细分行业在空间上协同集聚程度较高的可能性较大，而在后 20% 的 48 个制造业细分行业中，出现次数最多的制造业细分行业依次为金属冶炼及压延加工业（m9），石油加工、炼焦及核燃料加工业（m6）和非金属矿物制品业（m8）。

表 3 - 4　各制造业细分行业协同集聚指数排序（2011 年）

编号	细分行业名称	前 20%			后 20%		
		排名 1	排名 2	排名 3	排名 1	排名 2	排名 3
m1	食品制造及烟草加工业	m14（t）	m12（t）	m11（k）	m 9（k）	m 6（k）	m8（k）
m2	纺织业	m3（l）	m10（k）	m7（t）	m 6（k）	m 1（l）	m8（k）
m3	纺织服装鞋帽皮革羽绒及其制品业	m16（l）	m2（l）	m5（l）	m6（k）	m9（k）	m1（l）
m4	木材加工及家具制造业	m14（t）	m10（k）	m11（k）	m9（k）	m6（k）	m1（l）
m5	造纸印刷及文教体育用品制造业	m14（t）	m15（k）	m10（k）	m1（l）	m9（k）	m6（k）
m6	石油加工、炼焦及核燃料加工业	m14（t）	m12（t）	m11（k）	m3（l）	m2（l）	m1（l）
m7	化学工业	m14（t）	m2（l）	m10（k）	m1（l）	m8（k）	m9（k）
m8	非金属矿物制品业	m14（t）	m3（l）	m15（k）	m9（k）	m9（k）	m6（k）
m9	金属冶炼及压延加工业	m10（k）	m2（l）	m7（t）	m3（l）	m1（l）	m4（l）
m10	金属制品业	m14（t）	m12（t）	m2（l）	m9（k）	m6（k）	m8（k）
m11	通用、专用设备制造业	m14（t）	m15（k）	m12（t）	m8（k）	m9（k）	m1（l）
m12	交通运输设备制造业	m14（t）	m15（k）	m11（k）	m9（k）	m3（l）	m8（k）
m13	电气机械及器材制造业	m14（t）	m15（k）	m11（k）	m6（k）	m9（k）	m3（l）
m14	通信设备、计算机及其他电子设备制造业	m15（k）	m11（k）	m13（t）	m9（k）	m3（l）	m1（l）
m15	仪器仪表及文化办公用机械制造业	m14（t）	m11（k）	m13（t）	m9（k）	m9（k）	m8（k）
m16	工艺品及其他制造业（含废品废料）	m3（l）	m2（l）	m15（k）	m9（k）	m1（l）	m6（k）

二　不同类型产业的产业间协同集聚程度比较

按照要素密集程度，可以将各制造业细分行业划分为劳动密集型、资本密集型和技术密集型三种类型。按照这一产业类型划分，120个产业组合可以分为劳动－劳动密集型（15个）、劳动－资本密集型（36个）、劳动－技术密集型（24个）、资本－资本密集型（15个）、资本－技术密集型（24个）和技术－技术密集型（6个）等六种类型的产业组合。

在120个产业组合中，协同集聚指数最大的产业组合通信设备、计算机及其他电子设备制造业（m14）－仪器仪表及文化办公用机械制造业（m15），为资本－技术密集型产业组合，最小的产业组合纺织服装鞋帽皮革羽绒及其制品业（m3）－石油加工、炼焦及核燃料加工业（m6），为劳动－资本密集型产业组合。在产业间协同集聚指数高于平均值的49个产业组合中，劳动－劳动密集型有4个，劳动－资本密集型有10个，劳动－技术密集型有8个，资本－资本密集型有7个，资本－技术密集型有16个，技术－技术密集型有4个，分别占各类型产业组合的26.67%、27.78%、33.33%、46.67%、66.67%和66.67%（如图3－4所示）。可见，资本－技术密集型和技术－技术密集型两种类型的产业组合的产业间协同集聚程度相对较高的比例较大，即这两种类型的产业组合更容易发生产业间协同集聚，而在与劳动密集型制造业组成的三个产业组合类型中，这一比例相对较低。

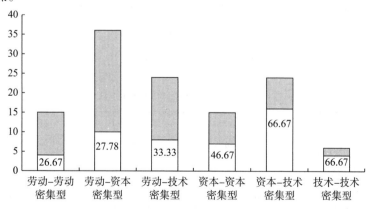

图3－4　各类型产业组合中产业间协同集聚指数
高于平均值的比例（2011年）

分别计算六种类型产业组合的产业间协同集聚指数平均值，最高的是技术－技术密集型产业组合（0.00509），其次是资本－技术密集型产业组合（0.00375），最低的是劳动－资本密集型产业组合（0.00197），其他三者较为接近，分别为劳动－劳动密集型0.00234，劳动－技术密集型0.00263，和资本－资本密集型0.00231。这一计算结果表明，技术－技术密集型和资本－技术密集型产业组合的产业间协同集聚程度相对较高，而劳动－资本密集型产业组合的产业间协同集聚程度则普遍较低。

在协同集聚指数较高的10个产业组合中，有5个是资本－技术密集型产业组合，有3个是技术－技术密集型产业组合，另外两个分别是劳动－技术密集型产业组合和资本－资本密集型产业组合。而在协同集聚指数较低的10个产业组合中，除排名第8位的石油加工、炼焦及核燃料加工业（m6）－金融冶炼及压延加工业（m9）为资本－资本密集型产业组合，以及排名第十位的食品制造及烟草加工业（m1）－纺织服装鞋帽皮革羽绒及其制品业（m3）为劳动－劳动密集型产业组合，其他8个均为劳动－资本密集型产业组合。这在一定程度上进一步论证了前面的分析结论，即资本－技术密集型和技术－技术密集型产业组合的产业间协同集聚程度相对较高，在空间上更容易形成产业间协同集聚，而劳动－资本密集型产业组合的产业间协同集聚程度一般较低。

此外，将三种产业类型的制造业细分行业的工业总产值分别进行合并，计算两两之间的协同集聚指数，得到三种类型制造业间协同集聚指数矩阵（如表3－5所示）。可以发现，技术密集型与技术密集型制造业之间的协同集聚指数最高，劳动密集型与资本密集型制造业之间的协同集聚指数最低，这也从另一个侧面印证了前文的结论。

表3－5　三种类型制造业间协同集聚指数矩阵（2011年）

	劳动密集型	资本密集型	技术密集型
劳动密集型	0.00328		
资本密集型	0.00175	0.00371	
技术密集型	0.00269	0.00301	0.00784

第三节　中国制造业产业间协同集聚的演化特征

利用 2003 年《中国工业企业数据库》中的工业总产值数据分别计算每个产业组合的产业间协同集聚指数，得到 2003 年中国制造业各细分行业间协同集聚指数矩阵（如附录Ⅲ所示），并将其与 2011 年的数据进行对比。

在 120 个产业组合中，2003 年，产业间协同集聚指数最大的产业组合为通信设备、计算机及其他电子设备制造业（m14）- 仪器仪表及文化办公用机械制造业（m15），为 0.01637，与 2011 年相比，产业组合相同，但数值大了 0.00163，说明 2003 ~ 2011 年，这两个制造业细分行业的产业间协同集聚程度有所减弱。2003 年，产业间协同集聚指数最小的产业组合为石油加工、炼焦及核燃料加工业（m6）- 工艺品及其他制造业（含废品废料）（m16），为 0.00025，与 2011 年相比，产业组合有所差异。2011 年产业间协同集聚指数最小的产业组合为纺织服装鞋帽皮革羽绒及其制品业（m3）- 石油加工、炼焦及核燃料加工业（m6），这两个制造业细分行业的协同集聚程度在 2003 年也相对较低，为 0.00030，到 2011 年又进一步减弱，为 0.00022。

计算 120 个产业组合 2003 年的产业间协同集聚指数的平均值，为 0.00240，较 2011 年小 0.00030，说明 2003 ~ 2011 年，中国制造业总体的产业间协同集聚程度有所提高。2003 年，在 120 个产业组合中，大于平均值的产业组合有 49 个，占 40.83%，与 2011 年相同。以 0.001 为间距绘制 2003 年 120 个产业组合的产业间协同集聚指数频率分布直方图（如图3-5 所示），可以发现，产业间协同集聚指数主要集中在 0.001 ~ 0.003，占 61.81%，与 2011 年情形相似。但具体来看，2003 ~ 2011 年，0 ~ 0.001 和 0.001 ~ 0.002 的比例减小而 0.002 ~ 0.003 和 0.003 ~ 0.004 的比例增大，这也在一定程度上进一步表明了 120 个产业组合总体的产业间协同集聚程度有所提高。

在 120 个产业组合中，2003 ~ 2011 年，产业间协同集聚指数增大的产业组合有 89 个，占 74.17%，减小的有 30 个，占 25.00%，还有 1 个保持不变。将产业间协同集聚指数增加和减小的产业组合分别排序，取前 10

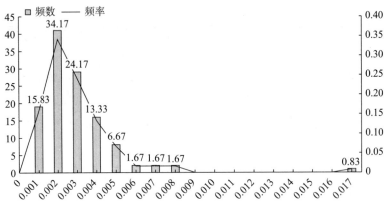

图 3 - 5 120 个产业组合的产业间协同集聚指数频率分布（2003 年）

位，如表 3 - 6 所示。数据表明，产业间协同集聚指数增加最多的产业组合是通用、专用设备制造业（m11）- 通信设备、计算机及其他电子设备制造业（m14），为资本 - 技术密集型产业组合，减小最多的是造纸印刷及文教体育用品制造业（m5）- 仪器仪表及文化办公用机械制造业（m15），为劳动 - 资本密集型产业组合。在产业间协同集聚指数增大的前 10 位产业组合中，有 5 个涉及通信设备、计算机及其他电子设备制造业（m14），有 4 个涉及通用、专用设备制造业（m11），说明他们与其他制造业细分行业的产业间协同集聚程度提升较高的可能性较大；从产业组合类型角度来看，有 4 个为资本 - 技术密集型，4 个为技术 - 技术密集型，其他两个分别为劳动 - 资本密集型和劳动 - 技术密集型。在产业间协同集聚指数减小的前 10 位产业组合中，有 6 个涉及仪器仪表及文化办公用机械制造业（m15），有 5 个涉及纺织服装鞋帽皮革羽绒及其制品业（m3），说明他们与其他制造业细分行业在空间上协同集聚的程度减弱的比例较大。此外，这 10 个产业组合均不是技术 - 技术密集型。

表 3 - 6　产业间协同集聚指数增加和减少排名前 10 位的
产业组合（2003 ~ 2011 年）

协同集聚指数增加排名前 10 位的产业组合			协同集聚指数减小排名前 10 位的产业组合		
序号	产业组合名称	协同集聚指数变化	序号	产业组合名称	协同集聚指数变化
1	m11 - m14	0.00458	1	m5 - m15	- 0.00335
2	m12 - m14	0.00306	2	m3 - m15	- 0.00290

续表

协同集聚指数增加排名前 10 位的产业组合			协同集聚指数减小排名前 10 位的产业组合		
序号	产业组合名称	协同集聚指数变化	序号	产业组合名称	协同集聚指数变化
3	m11 – m15	0.00236	3	m4 – m15	– 0.00245
4	m11 – m12	0.00171	4	m13 – m15	– 0.00216
5	m2 – m7	0.00161	5	m3 – m13	– 0.00173
6	m7 – m14	0.00159	6	m14 – m15	– 0.00162
7	m11 – m13	0.00144	7	m3 – m14	– 0.00135
8	m6 – m14	0.00143	8	m3 – m5	– 0.00122
9	m6 – m16	0.00140	9	m3 – m4	– 0.00117
10	m13 – m14	0.00136	10	m10 – m15	– 0.00110

　　进一步对这些产业组合的类型进行分析，分别统计六种类型产业组合中产业间协同集聚指数减少和增大的个数并计算其比例，如图 3 - 6 所示。可以发现，6 个技术 – 技术密集型产业组合的产业间协同集聚指数均增大，其次是资本 – 资本密集型产业组合，产业间协同集聚指数减少的产业组合比例为 14.29%。而 15 个劳动 – 劳动密集型产业组合中产业间协同集聚指数减少的比例最高，接近 50%。说明 2003 ~ 2011 年，技术 – 技术密集型产业组合的产业间协同集聚程度均在增大，而劳动 – 劳动密集型产业组合的产业间协同集聚程度减小的比例最多。

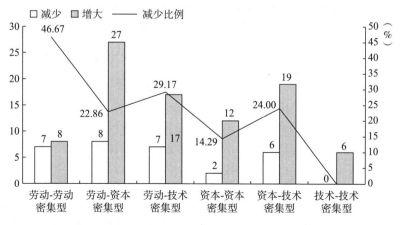

图 3 - 6　各类型产业组合的产业间协同集聚指数
增减变化及比例（2003 ~ 2011 年）

对 16 个制造业细分行业而言，2003～2011 年，每个制造业细分行业与其他 15 个制造业细分行业组成的 15 个产业组合的产业间协同集聚指数变化情况如图 3－7 所示。15 个产业组合的产业间协同集聚指数减少超过半数的制造业细分行业为仪器仪表及文化办公用机械制造业（m15）和纺织服装鞋帽皮革羽绒及其制品业（m3）分别为 10 和 9，说明他们与其他多数制造业细分行业的产业间协同集聚程度在减弱。其他制造业细分行业的产业间协同集聚指数增长的产业组合数量均超过半数，其中通用、专用设备制造业（m11）和交通运输设备制造业（m12）的所有产业组合的产业间协同集聚指数均有所增长，说明这两个制造业细分行业与其他所有制造业细分行业的空间协同集聚程度均在提高。

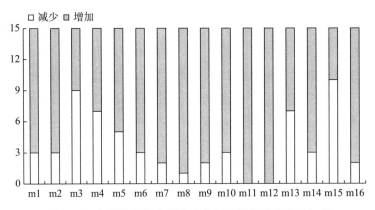

图 3－7　各制造业细分行业产业间协同集聚指数增加或
减少的数量（2003～2011 年）

2003～2011 年，每个制造业细分行业的产业间协同集聚指数平均值的变化情况，如图 3－8 所示。（m15）纺织服装鞋帽皮革羽绒及其制品业（m3）、木材加工及家具制造业（m4）、造纸印刷及文教体育用品制造业（m5）、电气机械及器材制造业（m13）和仪器仪表及文化办公用机械制造业等 5 个制造业细分行业的产业间协同集聚指数平均值减少，说明他们与其他制造业细分行业的平均协同集聚水平存在不同程度的减弱。其他 11 个制造业细分行业 2003～2011 年的产业间协同集聚指数差值为正，其中，通用、专用设备制造业（m11），交通运输设备制造业（m12）和通信设备、计算机及其他电子设备制造业（m14）的产业间协同集聚指数平均值增加较多，均超过 0.0007，说明他们与其他制造业细分行业之间的协同集聚程度总体上提升较多。

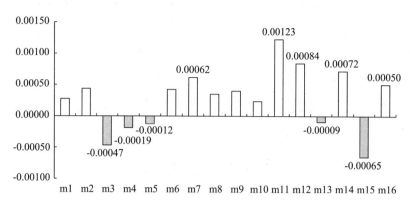

图 3 - 8　各制造业细分行业产业间协同集聚指数
平均值变化（2003～2011 年）

最后，分别计算 2003 年六种类型产业组合的产业间协同集聚指数平均值并与 2011 年的情形进行对比（如表 3 - 7 所示）。可以发现，2003 年与 2011 年基本相同，产业间协同集聚指数平均值最高的产业组合均为技术 - 技术密集型产业组合，其也是 2003～2011 年产业间协同集聚指数平均值增加最多的（0.00135），其次是资本 - 技术密集型产业组合。2003 年产业间协同集聚指数平均值最低的产业组合类型为资本 - 资本密集型，由于其在 2003～2011 年增长较快（增长了 0.00050），超过劳动 - 资本密集型产业组合的增长（0.00010），因此 2011 年产业间协同集聚指数平均值最低的是劳动 - 资本密集型产业组合。此外，2003～2011 年，只有劳动 - 劳动密集型产业组合的产业间协同集聚指数平均值略有减少（0.00001），其他类型产业组合的产业间协同集聚指数平均值均有不同程度的增长。这一结果表明，2003～2011 年，技术 - 技术密集型和资本 - 技术密集型产业组合的产业间协同集聚程度一直较高且不断增大，资本 - 资本密集型产业组合的产业间协同集聚程度提升较快，而劳动 - 劳动密集型产业组合的产业间协同集聚程度略有减弱。

表 3 - 7　各类型产业组合产业间协同集聚指数的平均值变化（2003～2011 年）

	2003 年	2011 年	2003～2011 年变化
劳动 - 劳动密集型	0.00235	0.00234	- 0.00001
劳动 - 资本密集型	0.00187	0.00197	0.00010

	2003 年	2011 年	2003~2011 年变化
劳动 – 技术密集型	0.00248	0.00263	0.00015
资本 – 资本密集型	0.00181	0.00231	0.00050
资本 – 技术密集型	0.00319	0.00375	0.00056
技术 – 技术密集型	0.00374	0.00509	0.00135

第四节　本章小结

本章通过测算 2003 年和 2011 年 16 个制造业细分行业两两之间的协同集聚指数，分析了中国制造业产业间协同集聚的总体状况、行业差异和演化特征，研究发现以下四个结论。

第一，从中国制造业产业间协同集聚的总体状况来看，产业间协同集聚现象在中国制造业中普遍存在。2011 年，通信设备、计算机及其他电子设备制造业（m14）－仪器仪表及文化办公用机械制造业（m15）产业间协同集聚程度最高，他们主要分布在东部、南部沿海地区，尤以京津、长三角和珠三角区域为主。纺织服装鞋帽皮革羽绒及其制品业（m3）－石油加工、炼焦及核燃料加工业（m6）产业间协同集聚程度最低。120 个产业组合的产业间协同集聚指数平均值为 0.00270，并主要集中分布在 0.001 到 0.003 之间。

第二，从 16 个制造业细分行业角度来看，各制造业细分行业与其他制造业细分行业组成的产业组合的产业间协同集聚平均水平差异较大。通用、专用设备制造业（m11），通信设备、计算机及其他电子设备制造业（m14），电气机械及器材制造业（m13）和仪器仪表及文化办公用机械制造业（m15）等制造业细分行业的产业间协同集聚程度总体较高，更容易与其他制造业细分行业发生产业间协同集聚，在空间上邻近分布，而金属冶炼及压延加工业（m9），食品制造及烟草加工业（m1），石油加工、炼焦及核燃料加工业（m6）和非金属矿物制品业（m8）等制造业细分行业在空间上与其他制造业细分行业的协同集聚程度一般较低。此外，产业间协同集聚程度的平均水平越高的制造业细分行业，其该指数的离散程度越大。

　　第三，从产业组合类型角度来看，协同集聚指数最大的产业组合为资本－技术密集型产业组合，最小的产业组合为劳动－资本密集型产业组合。资本－技术密集型和技术－技术密集型产业组合的产业间协同集聚程度相对较高，在空间上更容易形成产业间协同集聚，而劳动－资本密集型产业组合的产业间协同集聚程度则普遍较低。

　　第四，从中国制造业产业间协同集聚程度的演化特征来看，2003～2011年，中国制造业总体的产业间协同集聚程度有所提高，但个别制造业细分行业有所下降，各制造业细分行业变化幅度不尽相同。产业间协同集聚指数增加最多的产业组合是通用、专用设备制造业（m11）－通信设备、计算机及其他电子设备制造业（m14），为资本－技术密集型产业组合，减小最多的是造纸印刷及文教体育用品制造业（m5）－仪器仪表及文化办公用机械制造业（m15），为劳动－资本密集型产业组合。制造业细分行业方面，通用、专用设备制造业（m11），交通运输设备制造业（m12）和通信设备、计算机及其他电子设备制造业（m14）与其他制造业细分行业的产业间协同集聚程度普遍提升。而纺织服装鞋帽皮革羽绒及其制品业（m3）和仪器仪表及文化办公用机械制造业（m15）与其他制造业细分行业在空间上的协同集聚程度减弱较为明显。产业组合类型方面，技术－技术密集型和资本－技术密集型产业组合的产业间协同集聚程度一直较高且不断增大，资本－资本密集型产业组合的产业间协同集聚程度提升较快，而劳动－劳动密集型产业组合的产业间协同集聚程度有所减弱。

| 第四章 |

中国制造业产业关联与产业间
协同集聚的相互关系

随着经济全球化进程的日益加快和区域产业分工的不断深化，具有产业关联的各个产业已经形成相互作用的关联体，某一产业既会直接或间接影响其他产业的发展，也会在很大程度上受到相关产业的影响。经济发展不仅表现为经济总量的增长，还伴随着产业结构的调整和空间布局的优化，并主要反映在各个产业之间在生产上和空间上的直接和间接关联中。因此，对产业关联与产业间协同集聚关系的研究具有很强的理论和实践意义。本章重点关注产业间协同集聚的主要影响因素——产业关联，基于中国制造业各细分行业间的产业关联以及产业关联和产业间协同集聚相互对应等特征事实，旨在研究制造业的产业关联度和产业间协同集聚现象之间的相互关系，以及这种产业关联与空间关联在各制造业细分行业之间、在不同类型产业组合之间的差异性。

第一节　中国制造业的产业关联特征

一　研究方法与数据说明

（一）产业关联度的测度方法

两个制造业细分行业之间的产业关联包括两种形式，即前向关联和后向关联。制造业细分行业 i 对制造业细分行业 j 的中间投入占 j 总投入的比重表示制造业细分行业 i 对制造业细分行业 j 的直接投入系数 a_{ij}，这衡量了后向关联；制造业细分行业 i 对制造业细分行业 j 的中间需求占 i 总需求的比重表示制造业细分行业 i 对制造业细分行业 j 的直接分配系数 b_{ij}，这衡量了前向关联。

要准确地衡量两个制造业细分行业之间的投入产出联系，需要综合考量制造业细分行业 i 对制造业细分行业 j 的后向关联和前向关联以及制造业细分行业 j 对制造业细分行业 i 的后向关联和前向关联。因此，本书利用直接投入系数 a_{ij}、a_{ji} 和直接分配系数 b_{ij}、b_{ji} 的算术平均值来测度两个制造业细分行业之间的投入产出关联度，即它们之间的产业关联度。

（二）数据说明

由于《中国投入产出表》中反映的产业间相互关联对各制造业细分行业空间布局的影响存在滞后作用，因此采用投入产出数据与后一期的工业总产值数据进行对照更为科学。基于此，为与 120 个产业组合 2003 年和 2011 年的产业间协同集聚程度相互对应，本书中，中国制造业产业关联特征分析的数据来源于 2002 年和 2010 年的《中国投入产出表》，并在此基础上进行了数据处理。

二　产业关联度测度

分别计算 2010 年 120 个产业组合的产业关联度，得到 2010 年中国制造业各细分行业间产业关联度矩阵（如附录Ⅳ所示）。

在 120 个产业组合中，产业关联度最强的产业组合是纺织业（m2） - 纺织服装鞋帽皮革羽绒及其制品业（m3），为 0.01474，是劳动 - 劳动密集型产业组合。产业关联度最弱的产业组合是纺织业（m2） - 金属冶炼及压延加工业（m9），为 0.00035，是劳动 - 资本密集型产业组合。计算 120个产业组合的产业关联度的平均值，为 0.02021。在 120 个产业组合中，大于平均值的产业组合有 40 个，占 33.33%。进一步分析它们的产业组合类型，在产业关联度高于平均值的 40 个产业组合中，劳动 - 劳动密集型有4 个，劳动 - 资本密集型有 4 个，劳动 - 技术密集型有 6 个，资本 - 资本密集型有 8 个，资本 - 技术密集型有 12 个，技术 - 技术密集型有 6 个，分别占各类型产业组合的 26.67%、11.11%、25.00%、53.33%、50.00%和 100.00%（如图 4 - 1 所示）。可见，技术 - 技术密集型产业组合的产业关联度均高于平均值，说明技术密集型和技术密集型产业之间的投入产出联系通常较强；其次是资本－资本密集型和资本－技术密集型，其产业关联度高于平均值的比例较大，均等于或超过 50%；再次是劳动－劳动密集型和劳动－技术密集型，这一比例均在 25% 左右。产业关联度高于平均值比例最低的是劳动－资本密集型产业组合，说明这种类型产业组合的产业间投入产出关联较强的可能性较低。

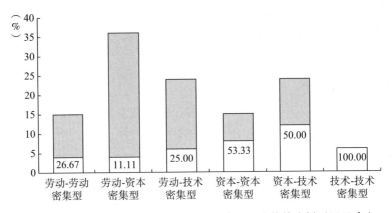

图 4－1　各类型产业组合中产业关联度高于平均值的比例（2010 年）

将 120 个产业组合的产业关联度按照由大至小的顺序进行排序，排名前 10 位和排名后 10 位的产业组合如表 4－1 所示。可以发现，产业关联度较高的 10 个产业组合中，有 4 个涉及金属冶炼及压延加工业（m9），有 3 个涉及通用、专用设备制造业（m11），m9 和 m11 均为资本密集型制造业，说明这两个制造业细分行业与其他制造业细分行业组成的产业组合的产业关联度较高的可能性较大。从产业组合角度来看，有 4 个为资本－技术密集型产业组合，3 个为资本－资本密集型产业组合，其他分别为劳动－劳动密集型、劳动－资本密集型和劳动－技术密集型。产业关联度较低的 10 个产业组合中，有 6 个涉及纺织业（m2），有 3 个涉及通信设备、计算机及其他电子设备制造业（m14）和仪器仪表及文化办公用机械制造业（m15）。在产业组合类型方面，10 个产业关联度较低的产业组合中，有 6 个为劳动－资本密集型产业组合，其他 4 个为劳动－技术密集型产业组合，说明这两种类型的产业组合的产业关联度相对较低的可能性较大。

表4-1　产业关联度排名前10位和后10位的产业组合（2010年）

产业关联度排名前10位的产业组合				产业关联度排名后10位的产业组合			
序号	产业组合名称	产业组合类型	产业关联度	序号	产业组合名称	产业组合类型	产业关联度
1	m2 - m3	l - l	0.15669	1	m2 - m9	l - k	0.00035
2	m14 - m15	k - t	0.12437	2	m2 - m14	l - t	0.00048
3	m9 - m10	k - k	0.12106	3	m2 - m6	l - k	0.00126
4	m9 - m11	k - k	0.11315	4	m2 - m15	l - k	0.00141
5	m9 - m13	k - t	0.10410	5	m3 - m15	l - k	0.00148
6	m9 - m16	l - k	0.08296	6	m4 - m15	l - k	0.00161
7	m6 - m7	k - t	0.06876	7	m2 - m10	l - k	0.00171
8	m5 - m7	l - t	0.06090	8	m1 - m14	l - t	0.00191
9	m10 - m11	k - k	0.05561	9	m3 - m14	l - t	0.00195
10	m11 - m13	k - t	0.05528	10	m2 - m12	l - t	0.00201

对16个制造业细分行业而言，分别求每个制造业细分行业与其他15个制造业细分行业之间的产业关联度的平均值，并从大到小进行排序（如表4-2所示）。产业关联度平均值前4位的制造业细分行业依次为金属冶炼及压延加工业（m9），化学工业（m7），通用、专用设备制造业（m11）和金属制品业（m10），除m7为技术密集型制造业外，其他均为资本密集型制造业。产业关联度平均值后4位的制造业细分行业依次为食品制造及烟草加工业（m1），木材加工及家具制造业（m4），石油加工、炼焦及核燃料加工业（m6）和非金属矿物制品业（m8），m1和m4为劳动密集型制造业，m6和m8为资本密集型制造业。此外，与前文所述的120个产业组合的产业关联度的平均值（0.02021）进行比较，在大于平均值的40个产业组合中，有14个涉及化学工业（m7），有7个涉及金属冶炼及压延加工业（m9），通用、专用设备制造业（m11）和电气机械及器材制造业（m13），说明这些制造业细分行业与其他细分行业产业之间的产业关联度较高的概率更高，可能性更大。反之，食品制造及烟草加工业（m1）、纺织服装鞋帽皮革羽绒及其制品业（m3）和木材加工及家具制造业（m4）与其他制造业细分行业形成产业关联度较高的产业组合的概率相对较低。

表4-2 各制造业细分行业产业关联度统计分析（2010年）

编号	细分行业名称	平均值		高于总体平均值的产业组合个数
		值	排名	
m1	食品制造及烟草加工业	0.00693	16	2
m2	纺织业	0.01757	9	3
m3	纺织服装鞋帽皮革羽绒及其制品业	0.01695	10	2
m4	木材加工及家具制造业	0.01005	15	2
m5	造纸印刷及文教体育用品制造业	0.01666	11	3
m6	石油加工、炼焦及核燃料加工业	0.01224	14	3
m7	化学工业	0.03282	2	14
m8	非金属矿物制品业	0.01544	13	5
m9	金属冶炼及压延加工业	0.03991	1	7
m10	金属制品业	0.02527	4	6
m11	通用、专用设备制造业	0.02826	3	7
m12	交通运输设备制造业	0.01618	12	5
m13	电气机械及器材制造业	0.02489	5	7
m14	通信设备、计算机及其他电子设备制造业	0.01919	8	3
m15	仪器仪表及文化办公用机械制造业	0.01991	7	5
m16	工艺品及其他制造业（含废品废料）	0.02110	6	6

将每个制造业细分行业的15个产业关联度进行排序，取前20%（3个）和后20%（3个），如表4-3所示。首先，依据各制造业细分行业产业关联度前20%的数据可以发现，劳动密集型制造业一般与其他劳动密集型制造业的产业关联度较高，而除化学工业（m7）外，资本或技术密集型制造业均与其他资本或技术密集型制造业产业之间关联程度较高（陈曦等，2015a）。此外，除化学工业（m7）外，各制造业细分行业产业关联度较高的前20%中均至少有一个为技术密集型制造业。其次，依据各制造业细分行业产业关联度后20%的数据可知，除工艺品及其他制造业（含废品废料）（m16）外，与劳动密集型制造业产业关联度较低的制造业细分行业均为资本和技术密集型制造业，而资本或技术密集型制造业一般与劳动密集型制造业产业关联度较低，这也从另一个侧面印证了刚才的结论。此外，除工艺品及其他制造业（含废品废料）（m16）外，与其他15个制造业细分行业产业关联度较低的后20%制造业细分行业均与自身制造业类型不同。最后，在前20%的48个制造业细分行业中，化学工业（m7）出现

11 次，次数最多，其次为金属冶炼及压延加工业（m9），说明这两个制造业细分行业与其他细分行业在投入产出上关联程度较高的可能性较大，即产业关联较为广泛。相反，在后 20% 的 48 个制造业细分行业中，出现次数较多的制造业细分行业依次为食品制造及烟草加工业（m1）、纺织业（m2）和纺织服装鞋帽皮革羽绒及其制品业（m3），均为劳动密集型制造业。

表 4-3　各制造业细分行业产业关联度排序（2010 年）

编号	细分行业名称	产业类型	前 20%			后 20%		
			排名 1	排名 2	排名 3	排名 1	排名 2	排名 3
m1	食品制造及烟草加工业	l	m7（t）	m5（l）	m3（l）	m14（t）	m12（t）	m9（k）
m2	纺织业	l	m3（l）	m7（t）	m16（l）	m9（k）	m14（t）	m6（k）
m3	纺织服装鞋帽皮革羽绒及其制品业	l	m2（l）	m7（t）	m1（l）	m15（k）	m14（t）	m8（k）
m4	木材加工及家具制造业	l	m7（t）	m10（k）	m5（l）	m15（k）	m14（t）	m6（k）
m5	造纸印刷及文教体育用品制造业	l	m7（t）	m16（l）	m1（l）	m6（k）	m9（k）	m12（t）
m6	石油加工、炼焦及核燃料加工业	k	m7（t）	m9（k）	m8（k）	m2（l）	m14（t）	m5（l）
m7	化学工业	t	m6（k）	m5（l）	m2（l）	m9（k）	m3（l）	m1（l）
m8	非金属矿物制品业	k	m7（t）	m9（k）	m6（k）	m3（l）	m2（l）	m1（l）
m9	金属冶炼及压延加工业	k	m10（k）	m11（k）	m13（t）	m2（l）	m1（l）	m3（l）
m10	金属制品业	k	m9（k）	m11（k）	m13（t）	m2（l）	m3（l）	m1（l）
m11	通用、专用设备制造业	k	m9（k）	m10（k）	m13（t）	m1（l）	m3（l）	m2（l）
m12	交通运输设备制造业	t	m9（k）	m11（k）	m7（t）	m2（l）	m1（l）	m6（k）
m13	电气机械及器材制造业	t	m9（k）	m11（k）	m14（t）	m2（l）	m3（l）	m1（l）
m14	通信设备、计算机及其他电子设备制造业	t	m15（k）	m13（t）	m7（t）	m2（l）	m1（l）	m3（l）
m15	仪器仪表及文化办公用机械制造业	k	m14（t）	m7（t）	m13（t）	m2（l）	m3（l）	m4（l）
m16	工艺品及其他制造业（含废品废料）	l	m9（k）	m5（l）	m7（t）	m6（k）	m15（k）	m1（l）

最后，分别计算六种类型产业组合的产业关联度平均值，较高的是资本–资本密集型产业组合（0.03408）和资本–技术密集型产业组合（0.03214），其次是技术–技术密集型产业组合（0.02629）、劳动–劳动密集型产业组合（0.02359）和劳动–技术密集型产业组合（0.01290），最低的是劳动–资本密集型产业组合（0.00893）。这一计算结果表明，资本–资本密集型和资本–技术密集型产业组合的产业关联度最高，而劳动–资本密集型产业组合的产业关联度最低。

第二节　中国制造业产业关联与产业间协同集聚的关联分析

为了综合考量中国制造业的产业关联与产业间协同集聚的相互关系，具体指出哪些制造业细分行业之间的空间邻近性与两者之间较强的投入产出关联关系密切，本书首先利用标准差对产业关联度和产业间协同集指数进行无量纲处理，以将两者纳入统一的指标体系中。无量纲处理的公式如下：

$$z_{ij} = \frac{x_{ij} - x}{s} \tag{4-1}$$

其中，z_{ij}为标准化后的变量值；x_{ij}为原始值；x为原指标的平均值；s为原指标的标准差。

标准化后的产业关联度C_{ij}若大于0，表明制造业细分行业i与制造业细分行业j之间的产业关联程度相对较强，反之则较弱；产业间协同集聚指数r_{ij}若大于0，则表明制造业细分行业i与制造业细分行业j之间的空间集聚程度较强，在空间分布上邻近，反之则较弱。

在对2010年中国制造业各细分行业间产业关联度矩阵和2011年中国制造业产业间协同集聚指数矩阵进行数据标准化处理后，本书分别以产业间协同集聚指数和产业关联度为横纵坐标，以0为坐标原点，建立两者的四象限分布图（如图4-2所示）。其中，第一象限产业组合的产业关联度和产业间协同集聚指数均为正；第二象限产业关联度为正，产业间协同集聚指数为负；第三象限两者均为负；第四象限产业关联度为负，产业间协同集聚指数为正。

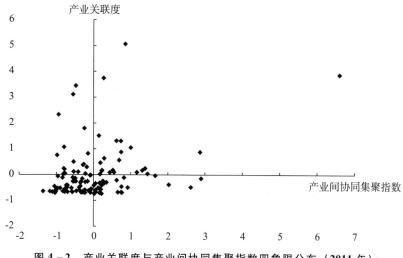

图 4 - 2　产业关联度与产业间协同集聚指数四象限分布（2011 年）

数据表明，2011 年，位于第一象限的产业组合有 22 个，占 120 个产业组合的 18.33%，它们的产业关联度和产业间协同集聚指数均较高，说明这些产业组合的产业关联较强，且空间布局邻近，这在一定程度上证明了制造业细分行业间的产业关联与协同集聚密切相关，马歇尔外部性理论中提到的投入产出关联在现实中存在并得到了印证，即产业间的投入产出关联是促使这两个制造业细分行业在空间上协同集聚分布的重要因素之一。位于第二象限的产业组合有 18 个，在所有产业组合中的占比为 15.00%，它们的产业关联度较高，产业间协同集聚指数较低，两者之间投入产出关联虽然密切，但在空间分布上是分散的，说明了产业关联并不是产业间协同集聚的决定因素，受到其他因素的制约和影响，产业间投入产出关联强的产业组合也可能在空间分布上并不邻近。位于第四象限的产业组合有 27 个，占产业组合总数的 22.50%，它们的产业关联度较低，产业间协同集聚指数较高，说明两者之间投入产出关联不显著，但仍存在较高的产业间协同集聚，这也在一定程度上表明了投入产出关联不是产生产业间协同集聚的唯一因素，导致中国制造业产业间协同集聚的因素较为多元化。如图 4 - 3 所示第三象限内的产业组合产业关联度和产业间协同集聚指数均较低，不在本书研究范围之内。

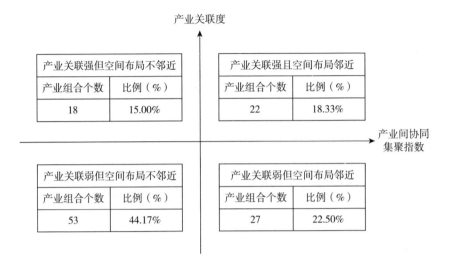

图 4 - 3　120 个产业组合四象限分布示意（2011 年）

进一步分析每个象限的产业组合类型和特征。第一象限的 22 个产业组合如表 4 - 4 所示。

表 4 - 4　产业关联强且空间邻近的产业组合（2011 年）

序号	产业组合名称	产业组合类型	产业关联度	产业关联度排序	产业间协同集聚指数	产业间协同集聚指数排序
1	m2 - m3	l - l	5.06192	1	0.85033	8
2	m2 - m7	l - t	0.87663	8	0.74086	9
3	m2 - m16	l - l	0.17562	14	0.51846	14
4	m4 - m10	l - k	0.02224	22	0.17779	21
5	m5 - m7	l - t	1.50908	4	0.14609	22
6	m7 - m10	k - t	0.08818	20	0.43777	15
7	m7 - m11	k - t	0.17310	15	0.23059	18
8	m7 - m12	k - t	0.15148	17	0.22473	19
9	m7 - m13	t - t	0.46105	12	0.18432	20
10	m7 - m14	t - t	0.24762	13	1.38653	4
11	m7 - m15	k - t	0.63210	10	0.28759	16
12	m9 - m10	k - k	3.74057	3	0.27047	17
13	m10 - m11	k - k	1.31282	5	0.61484	12
14	m10 - m13	k - t	0.56515	11	0.68710	11

序号	产业组合名称	产业组合类型	产业关联度	产业关联度排序	产业间协同集聚指数	产业间协同集聚指数排序
15	m11 – m12	k – k	1.04999	7	1.00260	7
16	m11 – m13	k – t	1.30084	6	0.73478	10
17	m11 – m15	k – k	0.03642	21	1.45100	3
18	m12 – m13	k – t	0.09558	19	0.55135	13
19	m12 – m15	k – k	0.09689	18	1.16592	6
20	m13 – m14	t – t	0.87479	9	2.87052	2
21	m13 – m15	k – k	0.17242	16	1.31136	5
22	m14 – m15	k – t	3.86344	2	6.59527	1

对于第一象限的产业组合而言，两个制造业细分行业产业关联密切且空间邻近，可以节约运输成本，深化产业分工，综合利用各种生产资料，从而提高生产效率。因此可以说，产业间的投入产出关联是引发此象限内产业组合产业间协同集聚的主要因素。2011 年，产业关联和空间关联同时存在的产业组合主要有通信设备、计算机及其他电子设备制造业（m14）–仪器仪表及文化办公用机械制造业（m15）、纺织业（m2）–纺织服装鞋帽皮革羽绒及其制品业（m3）、金属冶炼及压延加工业（m9）–金属制品业（m10）和电气机械及器材制造业（m13）–通信设备、计算机及其他电子设备制造业（m14）等，其中，通信设备、计算机及其他电子设备制造业（m14）–仪器仪表及文化办公用机械制造业（m15）表现最为突出，且为资本–技术密集型产业组合。在 22 个产业关联强且空间邻近的产业组合中，出现次数较多的制造业细分行业依次为化学工业（m7），电气机械及器材制造业（m13），金属制品业（m10），通用、专用设备制造业（m11）和仪器仪表及文化办公用机械制造业（m15），说明这些制造业细分行业更容易与其产业关联较强的其他制造业细分行业在空间上发生协同集聚而邻近分布。按照制造业细分行业的产业类型来看，22 个产业组合共44 个制造业细分行业中，有资本密集型制造业 20 个，技术密集型 17 个，劳动密集型 7 个，说明资本密集型和技术密集型制造业更容易形成产业关联强且空间邻近的产业组合。按照产业组合类型来看，22 个产业组合中，资本–技术密集型产业组合最多（9 个），其次是资本–资本密集型产业组

合（5个），技术－技术密集型产业组合（3个），说明同时实现产业关联强和空间分布邻近的产业组合更容易为这三种类型的产业组合。位于第一象限的劳动－资本密集型产业组合仅有1个，为木材加工及家具制造业（m4）－金属制品业（m10），且它们的产业关联度和产业间协同集聚程度与第一象限的其他产业组合相比也相对较弱，分别位列第22和第21位。

第二象限的18个产业组合如表4－5所示。

表4－5　产业关联强但空间不邻近的产业组合（2011年）

序号	产业组合名称	产业组合类型	产业关联度	产业关联度排序	产业间协同集聚指数	产业间协同集聚指数排序
1	m1 – m5	l – l	0.03403	18	− 0.80480	3
2	m1 – m7	l – t	0.04825	16	− 0.76857	7
3	m3 – m7	l – t	0.04145	17	− 0.21720	16
4	m4 – m7	l – t	0.38174	10	− 0.28564	13
5	m5 – m16	l – l	0.82004	6	− 0.14776	18
6	m6 – m7	k – t	1.80087	4	− 0.24484	15
7	m6 – m8	k – k	0.21193	13	− 0.78217	6
8	m6 – m9	k – k	0.75604	7	− 0.97838	1
9	m7 – m8	k – t	0.50333	8	− 0.53797	9
10	m7 – m16	l – t	0.40644	9	− 0.26131	14
11	m8 – m9	k – k	0.23879	12	− 0.79821	4
12	m8 – m10	k – k	0.11049	15	− 0.41579	12
13	m8 – m16	l – k	0.11830	14	− 0.53658	10
14	m9 – m11	k – k	3.44716	1	− 0.48246	11
15	m9 – m12	k – t	1.06821	5	− 0.79373	5
16	m9 – m13	k – t	3.11153	2	− 0.55410	8
17	m9 – m16	l – k	2.32728	3	− 0.94070	2
18	m11 – m16	l – k	0.29541	11	− 0.17888	17

位于第二象限的产业组合具有垂直的投入产出关联，但在空间分布上协同集聚程度较低。同一产业组合内的两个制造业细分行业所依赖的资源空间分配不均、要素密集程度差别较大或是两者之间受距离带来的交易成

本的影响不显著等，均可能是这些产业关联较强的产业组合在空间上未能产生协同集聚的原因。具体分析第二象限 18 个产业组合的产业类型和特征，可以发现，产业关联较强但空间分布分散的产业组合主要有金属冶炼及压延加工业（m9）－通用、专用设备制造业（m11）、金属冶炼及压延加工业（m9）－电气机械及器材制造业（m13）和金属冶炼及压延加工业（m9）－工艺品及其他制造业（含废品废料）（m16）等，均为金属冶炼及压延加工业（m9）与其他制造业细分行业组成的产业组合。在 18 个产业关联强但空间不邻近的产业组合中，出现次数较多的制造业细分行业依次为化学工业（m7）、金属冶炼及压延加工业（m9）、非金属矿物制品业（m8）和工艺品及其他制造业（含废品废料）（m16），说明这些制造业细分行业较倾向于与产业关联较强的其他制造业细分行业分散布局。按照制造业细分行业的产业类型来看，36 个制造业细分行业中，有资本密集型制造业 17 个，劳动密集型 11 个，技术密集型 8 个，说明资本密集型制造业更容易形成产业关联强但空间不邻近的产业组合。按照产业组合类型来看，18 个产业组合中，有资本－资本密集型产业组合 5 个，劳动－技术密集型和资本－技术密集型各 4 个，没有技术－技术密集型产业组合。说明相比较而言，产业关联强但空间不邻近的产业组合是资本－资本密集型的可能性较大，不存在是技术－技术密集型的情况。

第四象限的 27 个产业组合如表 4－6 所示。

表 4－6　产业关联弱但空间邻近的产业组合（2011 年）

序号	产业组合名称	产业组合类型	产业关联度	产业关联度排序	产业间协同集聚指数	产业间协同集聚指数排序
1	m1 － m14	l － t	－ 0.67877	5	0.05511	24
2	m2 － m5	l － l	－ 0.24529	23	0.25716	14
3	m2 － m9	l － k	－ 0.73662	1	0.02532	26
4	m2 － m10	l － k	－ 0.68612	4	0.76257	7
5	m2 － m13	l － t	－ 0.67125	8	0.05908	22
6	m2 － m14	l － t	－ 0.73187	2	0.21793	16
7	m2 － m15	l － k	－ 0.69728	3	0.16292	19
8	m3 － m5	l － l	－ 0.33923	19	0.05406	25
9	m3 － m16	l － l	－ 0.49097	13	0.91886	5

续表

序号	产业组合名称	产业组合类型	产业关联度	产业关联度排序	产业间协同集聚指数	产业间协同集聚指数排序
10	m4 – m11	l – k	– 0.41179	16	0.01401	27
11	m4 – m14	l – t	– 0.67479	6	0.65420	10
12	m5 – m10	l – k	– 0.29488	22	0.34796	12
13	m5 – m11	l – k	– 0.40780	17	0.22219	15
14	m5 – m12	l – t	– 0.53186	11	0.16008	20
15	m5 – m13	l – t	– 0.33490	20	0.28444	13
16	m5 – m14	l – t	– 0.37974	18	2.02801	3
17	m5 – m15	l – k	– 0.45906	15	0.75237	8
18	m6 – m13	k – t	– 0.59664	9	0.05678	23
19	m6 – m14	k – t	– 0.67352	7	0.74172	9
20	m8 – m14	k – t	– 0.31987	21	0.16762	18
21	m10 – m12	k – t	– 0.11191	26	0.81648	6
22	m10 – m14	k – t	– 0.03229	27	1.65912	4
23	m10 – m15	k – k	– 0.21019	24	0.62180	11
24	m11 – m14	k – t	– 0.14175	25	2.89750	1
25	m12 – m14	t – t	– 0.47770	14	2.62325	2
26	m14 – m16	l – t	– 0.50984	12	0.12473	21
27	m15 – m16	l – k	– 0.56875	10	0.19806	17

　　第四象限的产业组合投入产出关联不显著，但受到其他因素影响，两个制造业细分行业的产业间协同集聚程度较高，在空间分布上较为邻近。马歇尔外部性理论中提到的劳动力池的共享和知识溢出效应等可能是促进这些制造业细分行业在空间上协同集聚的另外动因。由表4-6可知，2011年，产业关联较弱但空间较邻近的产业组合主要有通用、专用设备制造业（m11）-通信设备、计算机及其他电子设备制造业（m14），交通运输设备制造业（m12）-通信设备、计算机及其他电子设备制造业（m14）和造纸印刷及文教体育用品制造业（m5）-通信设备、计算机及其他电子设备制造业（m14）等，均为通信设备、计算机及其他电子设备制造业（m14）与其他制造业细分行业组成的产业组合。在27个产业组合中，出现次数较多的制造业细分行业依次为通信设备、计算机及其他电子设备制

造业（m14）、造纸印刷及文教体育用品制造业（m5）、纺织业（m2）和金属制品业（m10），说明这些制造业细分行业与其他制造业细分行业虽然产业关联不强，但受到其他因素的影响更容易在空间上邻近分布。按照制造业细分行业的产业类型来看，54 个制造业细分行业中，有劳动密集型制造业 22 个，资本密集型 16 个，技术密集型 16 个，说明劳动密集型制造业更容易形成产业关联弱但空间邻近的产业组合。按照产业组合类型来看，27 个产业组合中，数量最多的是劳动 - 资本密集型和劳动 - 技术密集型产业组合（各 8 个），说明产业关联不强但空间分布邻近的产业组合超过半数为这两种类型。

第三节　中国制造业产业关联与产业间协同集聚关系的行业差异和演化特征

一　不同细分行业的产业关联与产业间协同集聚关系比较

按照 16 个制造业细分行业进行分析，各制造业细分行业各象限分布情况如表 4 - 7 和图 4 - 4 所示。

表 4 - 7　各制造业细分行业各象限分布统计（2011 年）

编号	细分行业名称	产业类型	第一象限		第二象限		第四象限	
			个数	占比（%）	个数	占比（%）	个数	占比（%）
m1	食品制造及烟草加工业	l	0	0.00	2	13.33	1	6.67
m2	纺织业	l	3	20.00	0	0.00	6	40.00
m3	纺织服装鞋帽皮革羽绒及其制品业	l	1	6.67	1	6.67	2	13.33
m4	木材加工及家具制造业	l	1	6.67	1	6.67	2	13.33
m5	造纸印刷及文教体育用品制造业	l	1	6.67	2	13.33	8	53.33
m6	石油加工、炼焦及核燃料加工业	k	0	0.00	3	20.00	2	13.33
m7	化学工业	t	8	53.33	6	40.00	0	0.00
m8	非金属矿物制品业	k	0	0.00	5	33.33	1	6.67
m9	金属冶炼及压延加工业	k	1	6.67	6	40.00	1	6.67
m10	金属制品业	k	5	33.33	1	6.67	5	33.33

续表

编号	细分行业名称	产业类型	第一象限		第二象限		第四象限	
			个数	占比（%）	个数	占比（%）	个数	占比（%）
m11	通用、专用设备制造业	k	5	33.33	2	13.33	3	20.00
m12	交通运输设备制造业	t	4	26.67	1	6.67	4	26.67
m13	电气机械及器材制造业	t	6	40.00	1	6.67	2	13.33
m14	通信设备、计算机及其他电子设备制造业	t	3	20.00	0	0.00	10	66.67
m15	仪器仪表及文化办公用机械制造业	k	5	33.33	0	0.00	4	26.67
m16	工艺品及其他制造业（含废品废料）	l	1	6.67	5	33.33	3	20.00

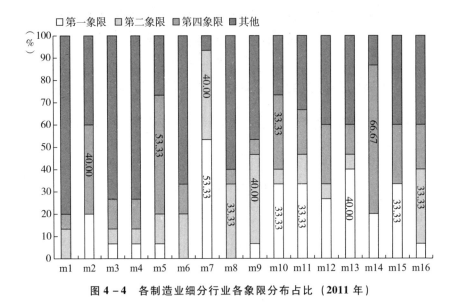

图 4-4　各制造业细分行业各象限分布占比（2011 年）

数据显示，除食品制造及烟草加工业（m1），纺织服装鞋帽皮革羽绒及其制品业（m3），木材加工及家具制造业（m4），石油加工、炼焦及核燃料加工业（m6）和非金属矿物制品业（m8）外，其他制造业细分行业各自形成的 15 个产业组合均有 50% 以上位于研究范围内。其中，化学工业（m7）和通信设备、计算机及其他电子设备制造业（m14）更是在 80% 以上。

化学工业（m7）与其他制造业细分行业组成的产业组合位于第一象限的比例最大，超过 50%，其次是电气机械及器材制造业（m13），两者均为技术密集型制造业，再次是金属制品业（m10），通用、专用设备制造业

（m11）和仪器仪表及文化办公用机械制造业（m15），它们的这一比例均为33.33%，且三者均为资本密集型制造业，说明这些制造业细分行业形成的产业组合产业关联强且空间邻近的可能性较大。食品制造及烟草加工业（m1），石油加工、炼焦及核燃料加工业（m6）和非金属矿物制品业（m8）没有形成位于第一象限的产业组合。

化学工业（m7）和金属冶炼及压延加工业（m9）与其他制造业细分行业组成的产业组合位于第二象限的比例最大，均为40.00%，其次是非金属矿物制品业（m8）和工艺品及其他制造业（含废品废料）（m16），均为33.33%，说明这些制造业细分行业形成的产业组合产业关联强但空间不邻近的可能性较大。纺织业（m2），通信设备、计算机及其他电子设备制造业（m14）和仪器仪表及文化办公用机械制造业（m15）没有形成位于第二象限的产业组合。

通信设备、计算机及其他电子设备制造业（m14），造纸印刷及文教体育用品制造业（m5），纺织业（m2）和金属制品业（m10）位于第四象限内的比例较大且依次递减。其中，通信设备、计算机及其他电子设备制造业（m14）和造纸印刷及文教体育用品制造业（m5）均超过50.00%，说明这些制造业细分行业形成的产业组合产业关联弱但空间邻近的可能性较大。化学工业（m7）没有形成位于第四象限的产业组合。

二 不同类型产业的产业关联与产业间协同集聚关系比较

按照6种产业组合类型进行分析，各类型产业组合各象限分布情况如表4-8和图4-5所示。

表4-8 各类型产业组合各象限分布统计（2011年）

产业组合类型	个数	第一象限		第二象限		第四象限		其他	
		个数	占比（%）	个数	占比（%）	个数	占比（%）	个数	占比（%）
劳动-劳动密集型	15	2	13.33	2	13.33	3	20.00	8	53.33
劳动-资本密集型	36	1	2.78	3	8.33	8	22.22	24	66.67
劳动-技术密集型	24	2	8.33	4	16.67	8	33.33	10	41.67
资本-资本密集型	15	5	33.33	5	33.33	1	6.67	4	26.67
资本-技术密集型	24	9	37.50	4	16.67	6	25.00	5	20.83
技术-技术密集型	6	3	50.00	0	0.00	1	16.67	2	33.33

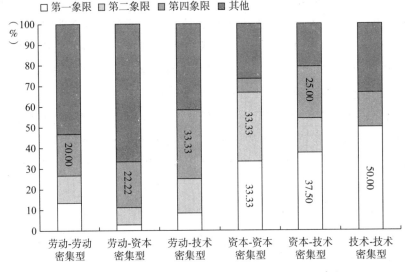

图 4-5　各类型产业组合各象限分布占比（2011 年）

可以发现，资本-技术密集型、资本-资本密集型和技术-技术密集型产业组合均有60%以上位于研究范围内，而劳动-资本密集型产业组合的这一比例最小。

技术-技术密集型产业组合有50.00%分布在第一象限，比例最高，其次是资本-技术密集型（37.50%）和资本-资本密集型（33.33%），说明这些类型的产业组合产业关联强且空间邻近的可能性较大且依次减弱。而劳动-资本密集型产业组合位于第一象限的可能性最小，仅为2.78%。

资本-资本密集型产业组合位于第二象限的比例为33.33%，而其他类型产业组合在第二象限内的比例均相对较少，技术-技术密集型产业组合甚至为零。这说明相比较而言，产业关联较强的资本-资本密集型产业组合在空间分布上分散布局的可能性较大，技术-技术密集型产业组合则不会出现这种情况。

33.33%的劳动-技术密集型产业组合位于第四象限，之后依次为资本-技术密集型、劳动-资本密集型和劳动-劳动密集型，三者比例较为相近，均在20%~25%，而资本-资本密集型产业组合位于第四象限的可能性最小（6.67%）。

三　产业关联与产业间协同集聚关系的演化特征

为进一步研究产业关联与产业间协同集聚关系的演化特征，本书首先计算了 2002 年各制造业细分行业之间的产业关联度，得到 2002 年中国制造业各细分行业间产业关联度矩阵（如附录 V 所示）。之后，笔者将 120 个产业组合的产业关联度与 2003 年的产业间协同集聚指数——对应，得到 2003 年中国制造业各细分行业之间的产业关联度与产业间协同集聚指数的四象限分布图（如图 4 - 6 所示），最后将其与 2011 年（图 4 - 2）的情形相比较。

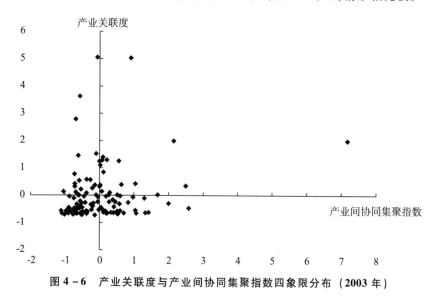

图 4 - 6　产业关联度与产业间协同集聚指数四象限分布（2003 年）

首先，通过对比可以发现，2003 ~ 2011 年，各象限产业组合数量均有所变化，但变化不大（如图 4 - 7 所示）。产业关联强且空间分布邻近（第一象限）的产业组合数量有所增加，产业关联强但空间不邻近（第二象限）和产业关联弱但空间布局邻近（第四象限）的产业组合的数量均略有减少。

其次，分别计算 2003 年和 2011 年各象限产业组合的产业关联和产业间协同集聚指数的平均值，如表 4 - 9 所示。数据显示，2003 ~ 2011 年，第一象限产业组合的产业关联度与产业间协同集聚指数平均值均有所增加，说明产业关联强且空间布局邻近的产业组合总体的投入产出关联程度和产业间协同集聚程度均在提升，产业间更高水平的产业关联导致了两者在空间布局上更为邻近。第二象限产业组合的产业关联度与产业间协同集

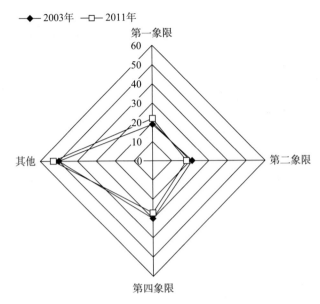

图 4 - 7 各象限产业组合数量变化 （2003 ~ 2011 年）

聚指数平均值均有所减少，说明产业关联强但空间不邻近的产业组合总体的投入产出关联程度和产业间协同集聚程度均在减弱，即产业关联度的减弱导致两者在空间布局上的进一步分散。第四象限产业组合的产业关联度与产业间协同集聚指数平均值也均在减少，说明产业关联弱但空间分布邻近的产业组合总体的投入产出关联程度和产业间协同集聚程度均有所减弱，产业关联程度的减弱导致两者在空间上的协同集聚程度降低。综上所述，各象限的情形均得出相同的结论，即各象限产业关联度与产业间协同集聚程度在 2003 ~ 2011 年均发生同向变化。

表 4 - 9 各象限产业组合产业关联度与产业间协同集聚指数
平均值 （2003 ~ 2011 年）

	年份	产业关联度平均值	产业间协同集聚指数平均值
第一象限	2003	0.96545	0.96648
	2011	1.02309	1.02001
	2003 ~ 2011	0.05763	0.05354
第二象限	2003	0.95738	- 0.46184
	2011	0.87340	- 0.54050
	2003 ~ 2011	- 0.08397	- 0.07866

续表

	年份	产业关联度平均值	产业间协同集聚指数平均值
第四象限	2003	− 0.45371	0.68506
	2011	− 0.45980	0.62531
	2003 ~ 2011	− 0.00609	− 0.05975

最后，各象限产业组合的具体变化如表 4 - 10 所示。金属制品业（m10）- 通信设备、计算机及其他电子设备制造业（m14）和通用、专用设备制造业（m11）- 通信设备、计算机及其他电子设备制造业（m14）两个产业组合产业关联由正转负，由第一象限转入第四象限，且两者均为资本 - 技术密集型产业组合。造纸印刷及文教体育用品制造业（m5）- 化学工业（m7）、化学工业（m7）- 通用、专用设备制造业（m11）和金属冶炼及压延加工业（m9）- 金属制品业（m10）三个产业组合的产业关联度有所减弱但产业间协同集聚程度明显提高，由第二象限转入第一象限。非金属矿物制品业（m8）- 通信设备、计算机及其他电子设备制造业（m14）产业关联度降低，产业间协同集聚程度提升，由第二象限转入第四象限。交通运输设备制造业（m12）- 电气机械及器材制造业（m13）和交通运输设备制造业（m12）- 仪器仪表及文化办公用机械制造业（m15）两个产业组合的产业关联度和产业间协同集聚程度均有不同程度的提升，由第四象限转入第一象限。

表 4 - 10　各象限产业组合变化

	2011 年减少的产业组合			2011 年增加的产业组合		
	产业组合名称	产业关联度	产业间协同集聚指数	产业组合名称	产业关联度	产业间协同集聚指数
第一象限	m10 - m14	0.02022	1.68450	m5 - m7	1.50908	0.14609
	m11 - m14	0.01240	0.52026	m7 - m11	0.17310	0.23059
				m9 - m10	3.74057	0.27047
				m12 - m13	0.09558	0.55135
				m12 - m15	0.09689	1.16592
第二象限	m5 - m7	1.52766	− 0.09898	m6 - m8	0.21193	− 0.78217
	m7 - m11	0.56374	− 0.26599	m8 - m16	0.11830	− 0.53658
	m8 - m11	0.01985	− 0.62336	m11 - m16	0.29541	− 0.17888

	2011 年减少的产业组合			2011 年增加的产业组合		
	产业组合名称	产业关联度	产业间协同集聚指数	产业组合名称	产业关联度	产业间协同集聚指数
第二象限	m8 - m14	0.26077	- 0.20943			
	m9 - m10	5.05236	- 0.07063			
	m9 - m15	0.32292	- 0.71151			
第四象限	m3 - m4	- 0.42320	0.42205	m1 - m14	- 0.67877	0.05511
	m3 - m10	- 0.60656	0.52973	m2 - m9	- 0.73662	0.02532
	m3 - m13	- 0.66220	0.50808	m4 - m11	- 0.41179	0.01401
	m3 - m14	- 0.68243	0.53657	m5 - m11	- 0.40780	0.22219
	m3 - m15	- 0.62345	1.42879	m5 - m12	- 0.53186	0.16008
	m4 - m5	- 0.02258	0.60320	m8 - m14	- 0.31987	0.16762
	m4 - m13	- 0.56848	0.60393	m10 - m14	- 0.03229	1.65912
	m12 - m13	- 0.03685	0.18940	m11 - m14	- 0.14175	2.89750
	m12 - m15	- 0.31535	0.58586			
	m13 - m16	- 0.45094	0.04702			

第四节　本章小结

本章通过测算 2002 年和 2010 年 16 个制造业细分行业两两之间的产业关联度，并将其与 2003 年和 2011 年的协同集聚指数一一对应，分析了中国制造业产业关联与产业间协同集聚的相互关系。

第一，2010 年，在 120 个产业组合中，产业关联度最强的产业组合是纺织业（m2）－纺织服装鞋帽皮革羽绒及其制品业（m3），最弱的是纺织业（m2）－金属冶炼及压延加工业（m9）。从制造业细分行业来看，化学工业（m7），金属冶炼及压延加工业（m9）和通用、专用设备制造业（m11）等与其他制造业细分行业之间的产业关联度较高的可能性较大，产业关联较为广泛，反之，食品制造及烟草加工业（m1）、纺织业（m2）、纺织服装鞋帽皮革羽绒及其制品业（m3）和木材加工及家具制造业（m4）等与其他制造业细分行业形成产业关联度较高的产业组合的概率相对较小，且三者均为劳动密集型制造业。从产业组合类型来看，劳动密集型制造业一般与其他劳动密集型制造业的产业关联度较高，资本或技术密集型制造业均与其他资本或技术密集型制造业产业关联程度较高，即技术－技术密集型产业组合的产业关联度通常较强，其次是资本－资本密集型和资本－技术密集型产业组合，劳动－资本密集型产业组合的投入产出关联普遍较低。

第二，2011 年，产业关联强且空间布局邻近的产业组合有 22 个，占 120 个产业组合的 18.33%，产业关联强但空间不邻近的产业组合有 18 个，产业关联弱但空间分布邻近的产业组合有 27 个。这在一定程度上证明了制造业细分行业间的产业关联与协同集聚密切相关，产业间的投入产出关联是导致两个制造业细分行业在空间上协同集聚的重要因素，但不是唯一因素，导致中国制造业产业间协同集聚的因素较为多元化，劳动力池的共享和知识溢出效应等可能是促使制造业细分行业间协同集聚的另外动因。此外，存在较强投入产出关联的产业组合在空间上也不都呈现协同集聚的特征，受到所依赖的资源空间分配不均、要素密集程度差别较大或是对距离带来的交易成本不敏感等其他因素的制约和影响，产业关联强的产业组合也可能在空间上分散分布。

第三，从制造业细分行业来看，化学工业（m7）与其他制造业细分行业的产业关联通常较强，且其形成的产业关联强的产业组合中空间邻近的占大多数。除化学工业（m7）外，电气机械及器材制造业（m13）与其他制造业细分行业组成的产业组合产业关联强且空间邻近的可能性较大，两者均为技术密集型制造业。除化学工业（m7）外，金属冶炼及压延加工业（m9）形成的产业组合产业关联强但空间不邻近的可能性较大。通信设备、计算机及其他电子设备制造业（m14）和造纸印刷及文教体育用品制造业（m5）更容易形成产业关联弱但空间邻近的产业组合。

第四，从产业组合类型来看，半数的技术－技术密集型产业组合产业关联强且空间邻近，其次是资本－技术密集型和资本－资本密集型产业组合，相反，这一比例在劳动－资本密集型产业组合中最小。产业关联较强的资本－资本密集型产业组合在空间上分散布局的可能性较大，而技术－技术密集型产业组合则不会出现这种情况。劳动－技术密集型产业组合产业关联弱但空间邻近的可能性较大，而资本－资本密集型产业组合则最小。

　　第五，2003～2011 年，产业关联强且空间分布邻近的产业组合数有所增加，总体的产业关联度和产业间协同集聚程度均在增强，更高水平的产业关联导致产业组合在空间分布上更为邻近。产业关联强但空间不邻近以及产业关联弱但空间布局邻近的产业组合的数量、平均产业关联度和平均产业间协同集聚程度均有所减少，产业关联度与产业间协同集聚程度均同向变化。

第五章

中国制造业产业关联对产业间
协同集聚的影响研究

由于不同的产业集聚理论在产业集聚影响因素研究方面经常得出相似的结论，因此在实证研究上，往往较难将不同的集聚力量进行分解，也很难覆盖影响产业集聚的各方面因素（Rosenthal & Strange，2004；Duranton & Puga，2004）。本章延续第四章的研究内容，继续关注产业关联这一产业间协同集聚的主要影响因素，基于第二章的产业间协同集聚影响机制，尝试从产业视角对中国制造业产业间协同集聚的影响因素进行实证研究，重点探究了产业关联对产业间协同集聚产生的影响，以及这种影响的空间差异性。

第一节　制造业产业关联对产业间协同
集聚影响的理论假说

一　产业关联

国内外很多学者都将产业关联纳入制造业产业集聚的相关研究之中，以实证证实了其存在和影响。例如，Ellison 和 Glaeser（1997）通过对美国制造业的实证研究发现，产业集聚与自然资源优势和产业前后向联系产生的溢出效应密切相关；Holmes（1999）研究指出，投入共享与产业集聚之间存在正相关关系；Forni 和 Paba（2002）通过研究产业之间的动态关联来对区域溢出效应进行实证检验，发现具有动态投入产出关联的产业之间具有动态外部效应和溢出效应；Barrios 等（2003）针对比利时、爱尔兰和葡萄牙三个国家的制造业空间分布研究表明，产业间的前后向关联同自然资源优势一样对产业集聚起到积极作用。国内研究中，王业强和魏后凯（2007）通过1995～2003年两位数制造业面板数据的研究发现，产业关联等因素能够推动制造业地理集中，且邻近区域之间的后向关联效应较强；王德利和方创琳（2010）的研究指出，产业间关联强度在1987～2002年逐年增大，跨区域产业联动具有明显的邻域空间指向性，产业间横向联动与纵向联动相结合的混合型联动格局正在形成；吴建峰和符玉明（2012）利用1980～2005年中国省级制造业数据证实了马歇尔外部性是中国制造业地理集聚的决定因素，指出产业内部资源组织要接近原料、中间商或者市场；毛琦梁等（2013）在研究中国经济空间时发现，产业间投入产出联系、地区市场规模逐渐成为产业布局的重要决定因素。

本书以产业关联作为核心解释变量，基于第二章制造业产业间协同集聚影响因素和机制的相关分析，认为受到需求关联和成本关联的共同作用，两个具有投入产出关联的制造业细分行业为了节约运输成本和产生外部规模经济，在区位选择上会趋向于邻近布局从而表现为产业间协同集聚。两个制造业细分行业之间的产业关联度用 C_{ij} 表示。

假设1：产业关联强度与产业间协同集聚程度正相关。

二　其他控制变量

（一）劳动力需求差异

关于劳动力市场共享，本书以劳动力需求差异，即两个制造业细分行业所需劳动力素质之间的差别来反映，同一产业组合内两个制造业细分行业的这种差异性越小，匹配性越高，其越有可能为实现劳动力市场共享而在同一区域布局，从而形成产业间协同集聚。对劳动力素质的衡量往往需要行业层次上对各类专业人才的需求数据，如 Rosenthal 和 Strange（2004）利用具有本科、硕士和博士学位的员工比例来衡量各行业所需的劳动力的素质差异，而 Ellison 等（2007）的研究利用的是劳动统计局（BLS）发布的国家产业－职业就业矩阵（National Industrial - Occupation Employment Matrix）来测算各行业对劳动力需求的差异性。由于我国类似的劳动力数据较难获得，受到数据可获得性的限制，本书仿照路江涌和陶志刚（2007）的研究方法，用各制造业细分行业的相对工资水平来衡量其对劳动力的需求，以 *LP* 表示，用两个制造业细分行业之间相对工资水平的差值表示两者劳动力需求的差异，以 LP_{ij} 表示。其中，在计算相对工资水平 *LP* 时，首先通过某一制造业细分行业全年应付工资总额除以该制造业细分行业全部从业人员年平均人数计算得出该制造业细分行业的平均工资水平，之后再除以所有制造业细分行业的平均工资水平得到该制造业细分行业的相对工资水平。

假设 2：两个制造业细分行业之间的劳动力需求差异越小，两者产业间协同集聚程度越高。

（二）知识或技术外溢

知识或技术溢出是一个较难直接度量的影响因素。已有研究使用研发投入占企业收入比例（Feldman et al, 2002）或者新产品占总产出的比例（路江涌和陶志刚，2007；席强敏，2014）来衡量知识溢出。本书尝试以某一制造业细分行业的新产品产值占该制造业细分行业工业总产值的比重来反映产业间的知识或技术溢出效应，并用 *KS* 表示。因为对于一个制造业细分行业来说，新产品产值所占的比重越高，表明其对知识创新的依赖程度越高，进而对知识创新研发的投入比重也越高，因此知识溢出的可能性也就相对越大。

假设 3：知识或技术外溢与产业间协同集聚程度正相关。

（三）资源需求差异

在已有的产业集聚影响因素实证研究中，很多学者都关注到了自然资源禀赋的重要性，并通过实证证实了其在制造业产业布局和空间集聚上的积极影响和作用。例如，Kim（1995）通过回归发现自然资源的系数为正，证明了自然优势对决定集聚有着非常重要的作用。Brülhart 和 Trionfètti（1998）研究发现要素禀赋对欧洲的经济地理、工业布局影响很大。Ellison 和 Glaeser（1999）以及 Kim（1999）对自然禀赋优势的考察也得出了相似的结论。针对我国产业集聚的实证研究也表明，资源禀赋是导致我国制造业产业地理集中的原因之一（张同升等，2005）。

理论推演表明，自然资源禀赋同样作用在产业间协同集聚上。两个制造业细分行业对同一自然资源的需求程度差异越小，那么这一产业组合更容易协同布局在这一资源禀赋较高的区域，并表现为两个产业之间的空间协同集聚。本书利用"中国投入产出表"中的数据，分别计算每个制造业细分行业农产品中间投入占行业总投入的比重、矿产品（包括煤炭、石油和天然气、金属矿、非金属矿及其他矿）中间投入占行业总投入的比重以及能源（包括电力、热力、燃气、水）中间投入占行业总投入的比重，依次来衡量该制造业细分行业对农业资源、矿产资源和能源三种类型资源的需求程度，分别以 AR、MR 和 ER 表示。对产业组合而言，两个制造业细分行业对某一类型资源需求程度的差值的绝对值反映了它们对该资源的需求差异性，分别用 AR_{ij}、MR_{ij} 和 ER_{ij} 表示。

假设4：两个制造业细分行业之间的资源需求差异越小，两者产业间协同集聚程度越高。

（四）要素投入差异

本书选取劳动力投入强度、资本投入强度和科研投入强度分别代表劳动力要素、资本要素和技术要素的投入程度，并用 LI、CI 和 KI 表示。其中，劳动力投入强度用单位产值所需劳动力来表示，用于衡量各制造业细分行业对劳动力的依赖程度。资本投入强度用单位产值所需实收资本来表示，用于衡量各制造业细分行业对资本投入的依赖程度。科研投入强度用单位产值所需科研经费投入来表示，用于衡量各制造业细分行业对技术的依赖程度。进一步的，对同一产业组合内的两个制造业细分行业而言，某一类型要素投入强度的差值的绝对值反映了该要素投入在它们之间的差异性，分别用 LI_{ij}、CI_{ij} 和 KI_{ij} 表示。

假设5：两个制造业细分行业之间的要素投入差异越小，两者产业间协同集聚程度越高。

此外，根据要素密集程度，可以将各制造业细分行业划分为劳动密集型、资本密集型和技术密集型三种类型。一般而言，劳动密集型制造业的劳动力投入强度较高，资本密集型制造业的资本投入强度较高，技术密集型制造业的科研投入强度较高。对产业组合而言，如果两个制造业细分行业的产业类型相同，那么它们的主要要素投入类型也相同，因而两者之间要素投入差异会相对较小，在空间上协同集聚的可能性会相对较大。因此，本书引入了产业类型这一虚拟变量作为控制变量，以两个制造业细分行业产业类型是否相同作为衡量标准，并认为产业类型相同的两个制造业细分行业之间的协同集聚程度大于产业类型不同的两个制造业细分行业。

假设 6：两个制造业细分行业产业类型相同的产业组合，其产业间协同集聚程度相对较高。

第二节 中国制造业产业关联对产业间协同集聚影响的实证分析

一 模型设定与数据说明

（一）变量说明

本书重点关注中国制造业产业关联与产业间协同集聚的相互关系，以 120 个产业组合的产业间协同集聚指数和产业关联度分别反映各自的产业间协同集聚程度和产业关联程度，旨在研究中国制造业的产业关联对产业间协同集聚是否存在影响，并基于本章第一节的理论假设，引入劳动力需求差异、知识或技术外溢、资源需求差异、要素投入差异和产业类型等作为控制变量。模型中涉及的被解释变量和各解释变量的符号和含义如表 5 – 1 所示。

表 5 – 1 模型中各个变量的含义

变量		符号	定义
被解释变量	产业间协同集聚度	r_{ij}	i 制造业和 j 制造业之间的协同集聚程度
核心解释变量	产业关联度	C_{ij}	i 制造业和 j 制造业之间的产业关联程度
其他控制变量	相对工资水平差异	LP_{ij}	i 制造业与 j 制造业相对工资水平差值的绝对值
	知识或技术溢出	KS_i	i 制造业新产品产值占工业总产值的比重
	农产品需求差异	AR_{ij}	i 制造业与 j 制造业农产品中间投入占行业总投入比重差值的绝对值
	矿产品需求差异	MR_{ij}	i 制造业与 j 制造业矿产品中间投入占行业总投入比重差值的绝对值
	能源需求差异	ER_{ij}	i 制造业与 j 制造业能源中间投入占行业总投入比重差值的绝对值
	劳动力投入强度差异	LI_{ij}	i 制造业单位产值所需劳动力与 j 制造业单位产值所需劳动力差值的绝对值

变量		符号	定义
其他控制变量	资本投入强度差异	CI_{ij}	i制造业单位产值所需实收资本与j制造业单位产值所需实收资本差值的绝对值
	科研投入强度差异	KI_{ij}	i制造业单位产值所需 R&D 经费投入与j制造业单位产值所需 R&D 经费投入的差值的绝对值
	产业类型	$type$	i制造业与j制造业产业类型相同为1，不同为0

需要说明的是，i制造业细分行业的相对工资水平 LP = i制造业细分行业的平均工资水平/所有制造业细分行业的平均工资水平，而i制造业细分行业的平均工资水平 = i制造业细分行业的全年应付工资总额/i制造业细分行业的全部从业人员年平均人数。i制造业细分行业的农产品需求 AR 用《中国投入产出表》中i制造业细分行业的农林牧渔业中间投入占i制造业细分行业总投入的比重表示；矿产品需求 MR 用i制造业细分行业的煤炭开采和洗选业、石油和天然气开采业、金属矿采选业、非金属矿及其他矿采选业 4 个细分行业中间投入之和占i制造业细分行业总投入的比重表示；能源需求 ER 用i制造业细分行业的电力、热力的生产和供应业，燃气生产和供应业，水的生产和供应业 3 个细分行业中间投入之和占i制造业细分行业总投入的比重表示。i制造业细分行业的科研投入强度 KI 由i制造业细分行业规模以上企业的 R&D 经费投入和规模以上企业的工业总产值计算得出。

（二）模型设定

本书以 120 个产业组合的产业间协同集聚指数为被解释变量，以该产业组合内两个制造业细分行业之间的产业关联度为回归的自变量，基于 2003 年、2006 年、2008 年和 2011 年 4 年的面板数据进行回归分析，计量模型设定为：

$$r_{ij} = \alpha_0 + \alpha_1 C_{ij} + \alpha_2 LP_{ij} + \alpha_3 KS_i + \alpha_4 KS_j + \alpha_5 AR_{ij} + \alpha_6 MR_{ij} +$$
$$\alpha_7 ER_{ij} + \alpha_8 LI_{ij} + \alpha_9 CI_{ij} + \alpha_{10} KI_{ij} + \alpha_{11} type_i + u_i \qquad (5-1)$$

（三）数据来源

本节计量回归中，被解释变量产业间协同集聚指数以及控制变量相对工资水平差异、知识或技术溢出、劳动力投入强度差异、资本投入强度差异的数据来源于 2003 年、2006 年、2008 年和 2011 年的"中国工业企业数据库"①，核心解释变量产业关联度以及控制变量农产品需求差异、矿产品需求差异、能源需求差异的数据来源于 2002 年、2005 年、2007 年和 2010 年的"中国投入产出表"，控制变量科研投入强度差异的数据来源于 2004 年、2007 年、2009 年和 2012 年的《中国统计年鉴》。②

二　计量回归与结果分析

首先，对各变量进行剔除极端值处理，以保障计量回归的稳健性，使回归效果更佳。然后，按照模型（5-1），对中国制造业各细分行业之间协同集聚的面板数据分别进行固定效应模型（FE）和随机效应模型（RE）回归，并引入时间（年份）作为控制变量，估计结果如表 5-2 所示。最后，通过 Hausman 检验，p = 0.0000，小于 0.05，可知，采用固定效应模型（FE）估计结果更优。

表 5-2　中国制造业产业间协同集聚的回归结果

解释变量	FE	RE
C	0.0161***	0.0110**
	(2.89)	(2.51)
LP	-0.000835*	-0.000291
	(-1.85)	(-0.77)
$KS1$	-0.00556***	-0.00327**
	(-3.92)	(-2.45)
$KS2$	-0.00257***	-0.00125**
	(-4.38)	(-2.18)
AR	-0.00112	-0.00303***
	(-1.22)	(-4.58)
MR	0.00344***	-0.00224***
	(3.53)	(-4.66)

① 知识或技术溢出受数据可获得性限制，2008 年各制造业细分行业的相对工资水平差异和知识或技术溢出用 2007 年相应数据计算代替。
② 由于《中国统计年鉴 2004》中数据缺失，2003 年各制造业细分行业规模以上企业的 R&D 经费投入数据来源于《中国科技统计年鉴 2004》。

解释变量	FE	RE
ER	− 0.00717 *	− 0.0180 ***
	(− 1.82)	(− 5.35)
LI	− 0.0194	− 0.0609
	(− 0.43)	(− 1.34)
CI	0.000562	− 0.000544
	(0.51)	(− 0.48)
KI	− 0.0761 ***	− 0.0543 ***
	(− 5.52)	(− 3.96)
type	0	− 0.000373 *
	(.)	(− 1.75)
2003b. year	0	0
	(.)	(.)
2006. year	0.000134 *	0.0000162
	(1.71)	(0.21)
2008. year	− 0.000366 ***	− 0.000462 ***
	(− 4.33)	(− 5.68)
2011. year	− 0.000158	− 0.00000759
	(− 1.44)	(− 0.07)
常数项	0.00311 ***	0.00395 ***
	(11.03)	(14.27)
样本数量	480	480

注:* p < 0.10,** p < 0.05,*** p < 0.01, t statistics in parentheses。

根据固定效应模型（FE）的估计结果，讨论实证研究结论。

（1）对所有产业组合来说，在控制了其他变量的影响之后，核心解释变量 C 回归系数显著，且为正值，回归结果在统计意义上能够反映产业关联与产业间协同集聚之间的关系。说明了中国制造业产业关联与产业间协同集聚之间存在正相关关系，很好地印证了本章第一节中的假设 1，即产业关联越强的两个制造业细分行业，其协同集聚程度越高。两个制造业细分行业之间的产业关联能够吸引两者在空间上邻近分布，在一定程度上证实了产业间的投入产出关联对产业间协同集聚的正向影响和作用。

进一步的，按照虚拟变量产业类型 *type*，将 120 个产业组合分为制造业细分行业产业类型相同和产业类型不同两种类型，分别作为因变量，仿照模型（5-1），与产业关联度和其他控制变量进行回归。在回归中，按照所有产业组合的回归过程，分别采用固定效应模型（FE）和随机效应模型（RE）进行估计，并引入时间（年份）作为控制变量，然后通过 Hausman 检验，当 *type* = 1 时，p 值为 0.0013，当 *type* = 0 时，p 值为 0.0000，两者均小于 0.05，可知，均采用固定效应模型（FE）估计结果更优。最终估计结果如表 5-3 所示。

表 5-3　产业类型相同/产业类型不同的产业组合的产业间协同集聚回归结果

被解释变量	*type* = 1		*type* = 0	
解释变量	FE	RE	FE	RE
C	0.0232**	0.0149**	0.0138*	0.00902*
	(2.55)	(1.99)	(1.93)	(1.65)
样本数量	144	144	336	336

注：* p < 0.10，** p < 0.05，*** p < 0.01，t statistics in parentheses。

对两个制造业细分行业产业类型相同/产业类型不同的产业组合分别进行回归的结果显示，核心解释变量 C 回归系数均显著，且均为正值，说明产业间的投入产出关联对产业间协同集聚的影响在产业类型相同/产业类型不同的产业组合中均有不同程度的表现。也就是说，产业关联对产业间协同集聚的正向影响和作用在两个制造业细分行业之间普遍存在。进一步比较回归系数，在针对所有产业组合的回归中，a1 = 0.0161，介于产业类型不同的产业组合的回归系数 0.0138 和产业类型相同的产业组合的回归系数 0.0232 之间，说明在产业类型相同的产业组合中产业间的投入产出关联对产业间协同集聚的影响大于其在产业类型不同的产业组合中的影响。

（2）在针对所有产业组合的回归中，LP 回归系数显著，且为负，说明两个制造业细分行业之间的劳动力需求差异对他们之间的协同集聚会产生负向影响，符合理论预期，在一定程度上印证了假设 2，即两个制造业细分行业之间的劳动力需求差异越小，两者产业间协同集聚程度越高。

本书以相对工资水平反映劳动力需求差异，实证研究结果表明，在我国制造业内部，两个制造业细分行业之间相对工资水平差距越小，他们的劳动力需求越相近，所需劳动力的素质和技能越相似，两者为追求和实现劳动力市场共享而临近分布的可能性越大。由此可见，劳动力市场共享效应在两个制造业细分行业的协同集聚过程中发挥了积极的作用。基于此，政府应该注重营造良好的区域发展环境和服务环境，高度重视对劳动力的转岗培训和继续教育，并为劳动力流动提供较为宽松的外部环境和政策支持，保障劳动力流动渠道的畅通，以充分发挥产业间的劳动力市场共享效应，促进相关产业的协同集聚。

（3）$KS1$、$KS2$ 回归系数均显著，但为负值，说明知识或技术溢出没有对两个制造业细分行业间的协同集聚产生促进作用，反而有显著的负向影响，与假设 3 相左。

实证研究结果并没有很好地验证第二章产业间协同集聚理论模型中知识或技术外溢对产业间协同集聚的促进作用。在这里，如何解释这种显著的负向影响较为困难，一种可能的解释是，在现实世界里，知识或技术溢出对产业间协同集聚的影响和作用与理论模型中建立和推演的传导机制存在差异，知识或技术溢出效应一般在小空间范围内表现突出，并随距离增大而递减（Audretsh & Feldman，1996；Feldman，1999），本书以全国制造业各细分行业的知识或技术溢出为自变量与产业间协同集聚指数进行回归，可能导致了计量结果与理论推导和前文假设之间存在出入；另一种可能的解释是，在实证研究中，两个制造业细分行业各自的知识或技术溢出状况不能很好地反映他们之间的知识或技术溢出效应，或是某一制造业细分行业的新产品产值占该制造业细分行业工业总产值的比重并没有较好地反映该制造业细分行业的知识或技术溢出效应，变量选择不够科学可能是影响知识或技术溢出对产业间协同集聚作用实证研究结果的原因之一。知识或技术溢出作为产业集聚的影响因素之一较难直接度量，在产业间协同集聚影响因素分析中，知识或技术溢出的作用同样很难测度，用怎样的指标和方法科学地量化和衡量产业间的知识或技术溢出效应，还需要更深入的研究和探讨。

（4）在 AR、MR 和 ER 的回归结果中，AR 回归系数不显著，MR 和 ER 回归系数显著，其中，MR 系数为正，ER 系数为负。也就是说，两个制造业细分行业之间的农产品需求差异对产业间协同集聚的作用不明显，矿产品需求差异对产业间协同集聚存在正向影响，与假设 4 相反，能源需求差异与产业间协同集聚显著负相关，与假设 4 相同。

总体来说，要素禀赋虽然对部分制造业的发展起到积极的促进作用，但也有研究表明，我国制造业的空间分布和集聚态势难以简单地用要素禀赋理论来解释（贺灿飞和朱彦刚，2010）。从具体资源来看，各类自然资源的投入对制造业发展产生的影响不尽相同。随着技术进步和生产工艺改进，农产品投入在现代制造业发展中起到的限制作用逐步减弱，农林牧渔等农业资源的地理分布对制造业空间布局的重要性日益降低，这与贺灿飞等（2008）、赵曌等（2012）的研究结论较为类似。矿产资源对制造业空间分布的影响最为显著，但矿产品需求差异对产业间协同集聚存在的正向影响较难解释，可能是由于各制造业细分行业对矿产品的需求具有明确的指向，而本书将所有矿产资源进行加和，模糊了具体的矿产资源对某一制造业细分行业的特定影响。能源对制造业空间分布的影响符合预期，即能源需求差异越小的产业组合，其产业间协同集聚程度越高。本书认为，制造业对矿产资源和能源的要素邻近需求使其产业间协同集聚在一定程度上受到了限制，因此，我国应不断加强交通、电力、水利等公共基础设施建设，改善交通环境，完善管线布局，降低运输成本，从而引导制造业的合理布局。此外，国家还应该确保各类自然资源的原材料供应和对制造业的投入，尤其注重能源安全，以保障能源依赖型制造业的可持续发展。

（5）在 LI、CI 和 KI 的回归结果中，LI 和 CI 的回归系数均不显著，KI 的回归系数显著为负，在一定程度上证实了假设 5 的部分结论，即两个制造业细分行业之间的科研投入强度差异越小，两者越容易发生产业间协同集聚，而劳动力投入强度和资本投入强度对产业间协同集聚的影响作用并不明显。

随着我国经济的腾飞和产业结构的升级，科技创新在制造业发展中的重要作用日益凸显。创新是引领发展的第一动力，在当前我国经济结构性改革的关键时期，更要深入实施创新驱动发展战略，增加科技研发投入，提高自主创新能力，加强科技成果转化，提升投入产出绩效，推动协同创新，从而实现科技、经济和社会发展的紧密结合。

第三节　中国制造业产业关联对产业间协同集聚影响的空间差异性

本章前两节的实证研究表明，在中国制造业内部，产业间的投入产出关联会对产业间协同集聚产生正向影响，即两个制造业细分行业会由于存在产业关联而在空间上邻近分布。具体来说，针对不同制造业细分行业而言，哪些制造业细分行业与该制造业细分行业之间同时存在产业关联和空间关联，就是本节研究的重点。更进一步的，本书还将空间因素纳入考虑范围，利用地理加权回归模型对各地级市空间单元进行局部回归，测度空间关联性在每个具体局部空间上的系数，从而研究这些产业关联强且具有空间关联的产业组对①空间关联度的空间差异性。

一　研究对象与研究方法

（一）研究对象

本书基于 2010 年"中国投入产出表"，分别计算了各制造业细分行业与其他制造业细分行业之间的产业关联度，并将其排序，选择出与每个制造业细分行业产业关联度最高的前 4 个，共得到 64 个产业组对（如表 5 - 4 所示）。

表 5 - 4　各制造业细分行业与其他制造业细分行业之间的产业关联度

编号	名称	排名 1	排名 2	排名 3	排名 4
m1	食品制造及烟草加工业	m7	m5	m3	m16
m2	纺织业	m3	m7	m16	m5
m3	纺织服装鞋帽皮革羽绒及其制品业	m2	m7	m1	m5
m4	木材加工及家具制造业	m7	m10	m5	m16
m5	造纸印刷及文教体育用品制造业	m7	m16	m1	m4
m6	石油加工、炼焦及核燃料加工业	m7	m9	m8	m11

---

①　不同于本书的"产业组合"概念，"产业组对"具有方向性，即 m1 - m2 和 m2 - m1 为两个产业组对，分别用以分析 m2 的空间分布是否会对 m1 的空间分布产生影响，以及 m1 的空间分布是否会对 m2 的空间分布产生影响。

续表

编号	名称	排名 1	排名 2	排名 3	排名 4
m7	化学工业	m6	m5	m2	m15
m8	非金属矿物制品业	m7	m9	m6	m16
m9	金属冶炼及压延加工业	m10	m11	m13	m16
m10	金属制品业	m9	m11	m13	m8
m11	通用、专用设备制造业	m9	m10	m13	m12
m12	交通运输设备制造业	m9	m11	m7	m15
m13	电气机械及器材制造业	m9	m11	m14	m10
m14	通信设备、计算机及其他电子设备制造业	m15	m13	m7	m10
m15	仪器仪表及文化办公用机械制造业	m14	m7	m13	m12
m16	工艺品及其他制造业（含废品废料）	m9	m5	m7	m11

本节在对上述 64 个产业关联较强的产业组对的空间分布进行 OLS 回归或在空间计量回归的基础上，着重研究其中哪些产业组对的产业关联与该制造业细分行业的空间分布之间存在相关性，即具有空间关联。

（二）研究方法

①空间滞后模型和空间误差模型

考虑到一个空间单元上的某种经济地理现象或某一属性值与邻近空间单元上同一现象或属性值的相关性（Anselin，1988），本书在研究制造业内部产业关联对空间分布的影响时，除传统 OLS 回归外，还引入了空间计量模型，以解决空间数据的空间依赖性或空间自相关性等问题。本书使用的空间计量模型包括空间滞后模型（Spatial Lag Regression Model，SLM）和空间误差模型（Spatial Error Regression Model，SEM）（James & Kelly，2010）。SLM 主要探讨各变量在一个地区是否存在扩散现象，揭示因变量与周围地区的密切关系；SEM 则是从误差项中分离出空间自相关成分，将其转化为一个含有空间相邻矩阵形式的空间滞后误差项。两者的基本模型设计如下：

$$Y = \rho WY + X\beta + \varepsilon \quad (\text{SLM}) \tag{5-2}$$

其中，ρ 为空间回归关系数；W 为 $n \times n$ 阶的空间权值矩阵，一般用邻接矩阵；WY 为空间滞后被解释变量；ε 为随机误差项向量。

$$Y = X\beta + \varepsilon; \; \varepsilon = W\varepsilon + \mu \quad \text{(SEM)} \tag{5-3}$$

其中，ε 为随机误差项向量；λ 为 $n \times 1$ 的截面被解释变量向量的空间误差系数；μ 为服从正态分布的随机误差向量。

②地理加权回归模型

本书利用地理加权回归模型在局域性空间数据研究上的优越性，研究各制造业细分行业之间的产业关联对其空间分布影响的空间差异性。地理加权回归（Geographically Weighted Regression，GWR）是由 Brunsdon 等（1996）提出来的一种空间数据分析方法。GWR 能够在地理位置变化过程中对每个参数进行估计，更好地反映变量之间的关系变化、空间依赖性和空间差异性（方远平和谢蔓，2012）。其基本模型设计如下：

$$y_i = \alpha_0(u_i, v_i) + \sum_k \alpha_k(u_i, v_i) x_{ik} + \varepsilon_i \tag{5-4}$$

其中，(u_i, v_i) 是第 i 个样本点的空间坐标；$\alpha_k(u_i, v_i)$ 是连续函数 $\alpha_k(u, v)$ 在 i 点的值。

带宽选择对 GWR 模型的运行结果有很大影响。一般来说，学术上使用最小 CV 法和最小 AIC 法两种方法来确定最优带宽。CV 法的使用前提是回归点与数据点一致；而 AIC 法考虑了不同模型自由度的差异，能够相对准确地进行比较。由于 AIC 法的适用条件较为宽泛，所以本书在进行最优带宽选择时采用 AIC 方法。

此外，GWR 模型的"空间核"分为固定型空间核和调整型空间核两种，本书将综合采用两种方式来确定权重函数。固定型空间核（Fixed Spatial Kernels）的 GWR 模型权重是用高斯函数来表示的：

$$W_{ij} = e^{-\left(\frac{d_{ij}}{b}\right)^2} \tag{5-5}①$$

调整型空间核（Adaptive Spatial Kernels）是用双重平方函数来实现的：

$$W_{ij} = \begin{cases} \left[1 - \left(\frac{d_{ij}}{b}\right)^2\right]^2, & if \quad d_{ij} < b \\ 0, & otherwise \end{cases} \tag{5-6}$$

---

① 注：公式（5-5）和公式（5-6）中 d_{ij} 是回归点 i 与数据点 j 的欧几里得距离，b 是带宽。

二 模型设定与数据说明

(一) 变量说明

本书以中国 285 个地级市为空间单元,以各地级市 j 制造业产值占全国 j 制造业总产值的份额反映中国 j 制造业的空间分布,并引入经济发展水平、劳动力工资水平、交通设施水平、政府规模、城市等级、对外开放水平和产业政策等作为控制变量(吕卫国和陈雯,2009;石敏俊等,2013)。[①] 本节中被解释变量和主要解释变量的数据来源于 2011 年"中国工业企业数据库",其他控制变量的数据来源于 2012 年《中国城市统计年鉴》。模型中涉及的被解释变量和各解释变量的符号及含义如表 5 - 5 所示。

表 5 - 5 模型中各个变量的含义

变量	符号	定义
制造业份额	m_{ij}	i 地级市 j 制造业产值占全国 j 制造业总产值的比重
经济发展水平	$pgdp$	各地级市地区生产总值与该地级市人口总数的比值
劳动力工资水平	$lwage$	各地级市职工平均工资的对数
交通设施水平	$ptran$	各地级市市辖区城市道路面积占该地级市市辖区总面积的比重
政府规模	gov	各地级市政府非公共财政支出占该地级市生产总值的比重
城市等级	$city$	直辖市/省会城市为 1,其他城市为 0
对外开放水平	mkt	各地级市限额以上外商投资产值占该地级市限额以上工业总产值的比重
产业政策	$zone$	各地级市内国家级开发区数量

需要说明的是,鉴于数据的可得性,mkt 中,限额以上外商投资产值＝限额以上港澳台商投资企业产值＋限额以上外商投资企业产值;gov ＝(地方财政一般预算内支出－科学支出－教育支出)/生产总值;$zone$ 主要包括国家级经济技术开发区和国家级高新技术产业开发区的数量。

(二) 模型设定

首先,本书以 i 地级市 j 制造业产值占全国 j 制造业总产值的份额作为

---

① 2011 年我国共有 287 个地级市,受数据可获得性限制,笔者未将巢湖市和拉萨市纳入研究范围。

因变量，以与 j 制造业产业关联度最高的其他 4 个制造业细分行业的份额，即 i 地级市 $j1$、$j2$、$j3$、$j4$ 制造业产值占全国 $j1$、$j2$、$j3$、$j4$ 制造业总产值的份额作为主要回归的自变量。计量模型设定如下：

$$OLS: m_{ij} = \alpha_0 + \alpha_1 m_{ij1} + \alpha_2 m_{ij2} + \alpha_3 m_{ij3} + \alpha_4 m_{ij4} + \alpha_5 pgdp_i + \alpha_6 lwage_i$$
$$+ \alpha_7 ptran_i + \alpha_8 gov_i + \alpha_9 city_i + \alpha_{10} mkt_i + \alpha_{11} zone_i + u_i \qquad (5-7)$$

$$SLM: m_{ij} = \rho Wm + f(X_{mj1}, X_{mj2}, X_{mj3}, X_{mj4}, X_{pgdp}, X_{lwage}, X_{ptran}, X_{gov}, X_{city}, X_{mkt}, X_{zone}) + \varepsilon$$
$$(5-8)$$

其中，W 为距离束权值矩阵，n 为地级市个数。

$$SEM: m_{ij} = f(X_{mj1}, X_{mj2}, X_{mj3}, X_{mj4}, X_{pgdp}, X_{lwage}, X_{ptran}, X_{gov}, X_{city}, X_{mkt}, X_{zone}) + \varepsilon$$
$$\varepsilon = \lambda W\varepsilon + \mu \qquad (5-9)$$

此后，本书以 j 制造业的空间分布作为因变量，以与 j 制造业产业关联强且具有空间关联的其他制造业细分行业的空间分布作为自变量，用 ml 表示。计量模型设定为：

$$m_{ij} = \alpha_0(u_i, v_i) + \sum_k \alpha_k(u_i, v_i) ml_{ik} + \varepsilon_i \qquad (5-10)$$

三　计量回归与结果分析

首先，按照模型（5-7），对各制造业细分行业进行 OLS 回归，然后对每个回归进行空间相关性检验，使用拉格朗日乘数（Lagrange Multiplier）形式的 LM - Lag 和 LM - Error，以及稳健的（Robust）R - LMLAG 和 R - LMERR 作为判别依据，根据 Anselin 等（2004）提出的判别准则，判别 OLS 回归或是哪种空间计量模型更符合客观实际：当 LM - Lag 和 LM - Error 都不能拒绝 0 假设，即检验结果均不显著时，采用原有的 OLS 分析结果；当 LM - Lag 和 LM - Error 中仅有一个拒绝 0 假设时，采用与之相对应的另一个空间计量模型；当 LM - Lag 和 LM - Error 都拒绝 0 假设时，进一步观察 R - LMLAG 和 R - LMERR，采用 R - LMLAG 和 R - LMERR 检验结果中更为显著的空间计量模型。

在控制了其他变量的影响后，每个制造业细分行业与与其具有较高产业关联的其他 4 个制造业细分行业之间的回归估计结果如表 5 - 6 所示。

表 5 - 6　产业关联较强的制造业行业之间空间分布的回归结果

被解释变量		最优模型	解释变量 1		解释变量 2		解释变量 3		解释变量 4	
m1	食品制造及烟草加工业	SEM	m3	0.010 (0.59)	m5	0.211*** (4.26)	m7	0.241*** (4.47)	m16	0.054* (1.93)
m2	纺织业	SEM	m3	0.115*** (3.42)	m5	0.028 (0.30)	m7	0.688*** (7.25)	m16	0.033 (0.61)
m3	纺织服装鞋帽皮革羽绒及其制品业	SEM	m1	0.316* (1.92)	m2	0.579*** (5.45)	m5	0.581*** (3.75)	m7	-0.537*** (-2.81)
m4	木材加工及家具制造业	OLS	m5	0.410*** (4.86)	m7	0.009 (0.08)	m10	0.327*** (4.02)	m16	-0.062 (-1.38)
m5	造纸印刷及文教体育用品制造业	OLS	m1	0.065 (0.99)	m4	0.206*** (4.84)	m7	0.562*** (10.98)	m16	0.171*** (5.85)
m6	石油加工、炼焦及核燃料加工业	OLS	m7	-0.310** (-2.24)	m8	0.202* (1.82)	m9	0.024 (0.30)	m11	0.815*** (8.25)
m7	化学工业	SEM	m2	0.252*** (8.71)	m5	0.334*** (7.17)	m6	0.136*** (5.91)	m15	0.113*** (4.14)
m8	非金属矿物制品业	OLS	m6	0.063** (2.25)	m7	0.293*** (5.56)	m9	0.120*** (2.96)	m16	0.157*** (5.18)
m9	金属冶炼及压延加工业	OLS	m10	0.588*** (5.33)	m11	0.024 (0.25)	m13	-0.096 (-0.87)	m16	-0.093** (-2.09)
m10	金属制品业	SEM	m8	0.154*** (3.82)	m9	0.129*** (4.35)	m11	0.327*** (7.40)	m13	0.545*** (11.67)
m11	通用、专用设备制造业	SLM	m9	0.014 (0.39)	m10	0.448*** (7.07)	m12	0.196*** (7.76)	m13	0.347*** (5.71)
m12	交通运输设备制造业	OLS	m7	-0.212 (-1.63)	m9	0.001 (0.02)	m11	1.117*** (10.98)	m15	0.011 (0.17)
m13	电气机械及器材制造业	SEM	m9	-0.058* (-1.74)	m10	0.552*** (10.84)	m11	0.218*** (4.32)	m14	0.071*** (3.61)
m14	通信设备、计算机及其他电子设备制造业	SLM	m7	0.360*** (3.13)	m10	0.246** (2.26)	m13	-0.098 (-0.83)	m15	1.025*** (19.75)
m15	仪器仪表及文化办公用机械制造业	SEM	m7	-0.022 (-0.28)	m12	-0.068** (-2.09)	m13	0.342*** (4.88)	m14	0.571*** (20.37)

续表

被解释变量	最优模型	解释变量 1		解释变量 2		解释变量 3		解释变量 4	
m16 工艺品及其他制造业（含废品废料）	OLS	m5	0.568*** (5.26)	m7	0.072 (0.49)	m9	-0.104 (-1.37)	m11	0.220** (2.23)

注：* p < 0.10，** p < 0.05，*** p < 0.01，t statistics in parentheses。

根据 OLS 或空间计量模型（SLM 或 SEM）的估计结果，讨论实证研究结论。

（1）从适合各制造业细分行业的最优模型可以看出，木材加工及家具制造业（m4），造纸印刷及文教体育用品制造业（m5），石油加工、炼焦及核燃料加工业（m6），非金属矿物制品业（m8），金属冶炼及压延加工业（m9），交通运输设备制造业（m12），工艺品及其他制造业（含废品废料）（m16）等 7 个制造业细分行业选择传统 OLS 回归更为合适，说明这些制造业细分行业不存在空间自相关；而其他 9 个制造业细分行业则表现出较强的空间自相关性。

（2）在 64 个产业关联较强的产业组对中，有 42 个产业组对同时具有正向空间关联（如表 5-7 所示），即在空间上存在在同一地级市范围内相互影响和共同分布的趋势，占 65.63%，说明两个制造业细分行业会由于存在产业关联而在空间上邻近分布，这也在一定程度上印证了两个制造业细分行业的产业关联与产业间协同集聚之间存在正向关联。

表 5-7 产业关联强且具有空间关联的 42 个产业组对

序号	编号	制造业细分行业名称	产业类型	编号	产业类型	产业关联度	回归系数
1	m1	食品制造及烟草加工业	1	m5	1	0.02113	0.211
2	m1	食品制造及烟草加工业	1	m7	t	0.02151	0.241
3	m1	食品制造及烟草加工业	1	m16	1	0.00634	0.054
4	m2	纺织业	1	m3	1	0.15669	0.115
5	m2	纺织业	1	m7	t	0.04385	0.688
6	m3	纺织服装鞋帽皮革羽绒及其制品业	1	m2	1	0.15669	0.579
7	m3	纺织服装鞋帽皮革羽绒及其制品业	1	m5	1	0.01106	0.581

续表

序号	编号	制造业细分行业名称	产业类型	相关产业			
				编号	产业类型	产业关联度	回归系数
8	m4	纺织服装鞋帽皮革羽绒及其制品业	l	m1	l	0.00313	0.316
9	m4	木材加工及家具制造业	l	m5	l	0.01980	0.410
10	m4	木材加工及家具制造业	l	m10	k	0.02081	0.327
11	m5	造纸印刷及文教体育用品制造业	l	m4	l	0.01980	0.206
12	m5	造纸印刷及文教体育用品制造业	l	m7	t	0.06090	0.562
13	m5	造纸印刷及文教体育用品制造业	l	m16	l	0.04232	0.171
14	m6	石油加工、炼焦及核燃料加工业	k	m8	k	0.02592	0.202
15	m6	石油加工、炼焦及核燃料加工业	k	m11	k	0.01277	0.815
16	m7	化学工业	t	m2	l	0.04385	0.252
17	m7	化学工业	t	m5	l	0.06090	0.334
18	m7	化学工业	t	m6	k	0.06876	0.136
19	m7	化学工业	t	m15	k	0.03725	0.113
20	m8	非金属矿物制品业	k	m6	k	0.02592	0.063
21	m8	非金属矿物制品业	k	m7	t	0.03378	0.293
22	m8	非金属矿物制品业	k	m9	k	0.02665	0.120
23	m8	非金属矿物制品业	k	m16	l	0.02340	0.157
24	m9	金属冶炼及压延加工业	k	m10	k	0.12106	0.588
25	m10	金属制品业	k	m8	k	0.02319	0.154
26	m10	金属制品业	k	m9	k	0.12106	0.129
27	m10	金属制品业	k	m11	k	0.05561	0.327
28	m10	金属制品业	k	m13	t	0.03545	0.545
29	m11	通用、专用设备制造业	k	m10	k	0.05561	0.448
30	m11	通用、专用设备制造业	k	m12	t	0.04852	0.196
31	m11	通用、专用设备制造业	k	m13	t	0.05528	0.347
32	m12	交通运输设备制造业	t	m11	k	0.04852	1.117
33	m13	电气机械及器材制造业	t	m10	k	0.03545	0.552
34	m13	电气机械及器材制造业	t	m11	k	0.05528	0.218
35	m13	电气机械及器材制造业	t	m14	t	0.04380	0.071
36	m14	通信设备、计算机及其他电子设备制造业	t	m7	t	0.02689	0.360

续表

序号	编号	制造业细分行业名称	产业类型	相关产业			
				编号	产业类型	产业关联度	回归系数
37	m14	通信设备、计算机及其他电子设备制造业	t	m10	k	0.01934	0.246
38	m14	通信设备、计算机及其他电子设备制造业	t	m15	k	0.12437	1.025
39	m15	仪器仪表及文化办公用机械制造业	k	m13	t	0.02486	0.342
40	m15	仪器仪表及文化办公用机械制造业	k	m14	t	0.12437	0.571
41	m16	工艺品及其他制造业	k	m5	l	0.04232	0.568
42	m16	工艺品及其他制造业	l	m11	k	0.02818	0.220

（3）其他控制变量的回归结果显示，与 pgdp 回归系数显著为正的制造业细分行业有石油加工、炼焦及核燃料加工业（m6）和金属冶炼及压延加工业（m9），说明这两个制造业细分行业的空间分布与人均地区生产总值显著正相关，两者均为资本密集型制造业，在一定程度上反映了我国经济发展水平越高的地区资本密集型制造业发展越好的现实；在与 city 的回归结果中，有 7 个制造业细分行业的回归系数显著，其中食品制造及烟草加工业（m1）、化学工业（m7）、金属制品业（m10）和交通运输设备制造业（m12）显著正相关，说明城市等级越高，这些制造业细分行业发展越好，份额越大，其他 3 个制造业细分行业显著负相关，分别为纺织业（m2）、造纸印刷及文教体育用品制造业（m5）和电气机械及器材制造业（m13），说明这些制造业细分行业多分布在直辖市或省会城市之外；有 5 个制造业细分行业与 ptran 的回归系数显著为正，分别为纺织服装鞋帽皮革羽绒及其制品业（m3）、化学工业（m7）、非金属矿物制品业（m8）、金属冶炼及压延加工业（m9）和电气机械及器材制造业（m13），说明交通设施水平对这些制造业细分行业在各地级市的份额分布影响较为明显；与 zone 回归系数显著为正的制造业细分行业有纺织业（m2）、造纸印刷及文教体育用品制造业（m5）、金属冶炼及压延加工业（m9）和电气机械及器材制造业（m13）等 4 个，说明这些制造业细分行业的发展与地区产业政策环境密切相关，多布局在开发区中；lwage、mkt 和 gov 的回归结果不理想，说明劳动力工资水平、对外开放水平和政府规模与中国制造业空间分布之间关系较为复杂。

此后，针对上文结果分析（2）中的 42 个产业关联强且具有空间关联的产业组对进一步展开分析。对 16 个制造业细分行业分别进行固定型空间核和调整型空间核检验诊断，结果表明，16 个回归模型均选取基于调整型空间核的 GWR 模型。以食品制造及烟草加工业（m1）的检验诊断结果为例，综合考虑残差、AIC、Sigma 和拟合优度等因素，调整型空间核的加权回归结果的可信度高于固定型空间核，因此该回归应选取基于调整型空间核的 GWR 模型（如表 5 - 8 所示）。

表 5 - 8　食品制造及烟草加工业（m1）的 GWR 模型的检验诊断结果

	Redidual Squares	AIC	Sigma	R2
固定型空间核	0.004023	- 2346.09	0.003869	0.656613
调整型空间核	0.001741	- 2394.57	0.00305	0.851424

按照模型（5 - 10），对各制造业细分行业进行地理加权回归，将 16 个制造业细分行业的 42 个产业关联强且具有空间关联的产业组对的回归结果反映在地图上，利用 Arcgis 软件采用分位数分级法分别绘制每个产业组对的空间关联度的回归系数在中国地级市层面的分布图，并对回归结果在空间分布上的特征和差异进行讨论。

（1）将 42 个产业组对的空间关联度较高的前 10% 区域对应到省份中，内蒙古、河南、陕西、甘肃、安徽、湖北等部分中部和西部省份内，空间关联度较高的产业组对数量较多，均在 15 个以上；而在北京、天津、上海、重庆四个直辖市和经济欠发达的青海，空间关联度较高的产业组对数量均在 5 个以下。此外，黑龙江、吉林、辽宁的空间关联度较高的产业组对基本相似，说明三省份产业发展情况相近，产业结构和空间关系基本一致。

（2）总体来看，部分产业组对的空间关联度的空间分布呈现出规律性特征。其中，以金属制品业（m10）与其他制造业细分行业组成的产业组对的空间关联度的空间分布规律性最为明显。例如，金属制品业（m10）- 非金属矿物制品业（m8）的空间关联度由北向南递减，金属制品业（m10）- 金属冶炼及压延加工业（m9）的空间关联度由东北向中、东、西递减，金属制品业（m10）- 通用、专用设备制造业（m11）的空间关联度由东南沿海向中、西、东北递减，金属制品业（m10）- 电气机械及器材制造业（m13）的空间关联度由中部向东部递减。

（3）按产业组合类型来看，42 个产业组对中，劳动 - 劳动密集型有 10

个，劳动－资本密集型有3个，劳动－技术密集型有5个，资本－资本密集型有9个，资本－技术密集型有13个，技术－技术密集型有2个。分别将各类型产业组对的回归结果系数进行叠加，可以发现，劳动－劳动密集型产业组对在黑龙江、内蒙古、陕西、山西、湖北、安徽、福建、广东等省份内空间关联度较高，说明这些省份的劳动密集型制造业之间的空间关联较强；劳动－资本密集型产业组对空间关联度较高的省份主要有甘肃、河南、浙江、湖南、广东、广西和海南等；劳动－技术密集型产业组对空间关联度较高的省份主要有山西、陕西、甘肃、四川、云南、贵州和广西等；资本－资本密集型产业组对空间关联度较高的省份主要有新疆、甘肃、内蒙古、陕西、宁夏和河南等；资本－技术密集型产业组对空间关联度较高的省份主要有山西、河南、四川、湖北、湖南和海南等；技术－技术密集型产业组对空间关联度较高的省份主要有黑龙江、内蒙古、河北、山东、河南、甘肃、湖南和江西等。

第四节　本章小结

本章对中国制造业产业关联与产业间协同集聚的相互关系进行了实证研究。首先在重点关注了产业关联的基础上，以120个产业组合的产业间协同集聚指数为被解释变量，对我国制造业产业间协同集聚影响因素进行了回归分析，此后又利用空间计量手段，实证分析了产业关联对各制造业细分行业的空间分布的影响以及这种影响的空间差异性，研究得出以下四点结论。

第一，产业间的投入产出关联对产业间协同集聚的正向影响和作用在中国制造业内部普遍存在。产业关联与产业间协同集聚正相关，两个制造业细分行业会由于存在产业关联而在空间上邻近分布，并且产业关联越强的两个制造业细分行业，其产业间协同集聚程度越高。

第二，劳动力需求差异与产业间协同集聚显著负相关。劳动力市场共享效应在产业间协同集聚上同样存在并发挥积极作用，两个制造业细分行业的劳动力需求差异越小，越容易为实现劳动力市场共享而在空间上邻近布局。因此，政府应该不断创新引进人才、培育人才和留住人才的措施和政策，为劳动力流动提供畅通的渠道和宽松的环境，以充分发挥产业间的劳动力市场共享效应，促进相关产业在空间上的协同集聚。此外，知识或技术外溢效应在实证研究中没有得到很好的印证，可能是现实传导机制与理论推演之间存在差异，或是该变量的指标选择不够科学所导致的。

第三，在与其他控制变量的回归结果中，ER 和 KI 的回归结果较为理想，与假设相符，即两个制造业细分行业之间的能源需求差异越小，技术投入强度差异越小，越容易发生产业间协同集聚。因此，我国应不断加强交通、电力、水利等公共基础设施建设，注重能源安全，降低运输成本，从而保障制造业的可持续发展，引导制造业的合理布局。与此同时，政府还应加强科技研发投入和科技成果转化，推动协同创新，从而实现科技、经济和社会发展的紧密结合。

第四，约三分之二的产业关联较强的产业组对同时具有空间关联。在产业关联对产业间协同集聚影响的空间差异性上，产业组对的空间关联度较高区域多分布在内蒙古、河南、陕西、甘肃、安徽、湖北等部分中部和西部省份内，而在经济发达的直辖市内分布较少。部分产业组对的空间关联度的空间分布呈现规律性特征，尤其以金属制品业与其他制造业细分行业组成的产业组对表现最为明显。各类型产业组合的空间关联度的空间分布差异较大。东北三省份空间关联度较高的产业组合基本一致，产业发展状况较为相似。在今后的制造业发展中，应给予产业关联较强的制造业细分行业之间的相互协调促进和空间关联关系更多关注。针对不同制造业细分行业和地理空间制定相应的产业政策，会对我国产业转型升级和空间布局优化等实践产生一定的积极作用。

第六章

中国制造业产业间协同集聚的区域差异

本书的第三、四、五章主要从全国层面对我国各制造业细分行业之间的产业间协同集聚状况进行了全面而深入的探讨。我国幅员辽阔,自然资源禀赋、区位和交通条件、经济和产业发展水平、产业政策环境等区域差异较大,因此,各产业组合的产业间协同集聚程度在各地级市之间也一定不尽相同,产业间协同集聚的区域差异问题不容忽视。本章从区域差异的空间视角来审视我国制造业的产业间协同集聚,探究各地级市产业间协同集聚水平和类型的差异性,以及哪些因素导致了这种区域差异。

第一节 地级市层面中国制造业产业间
协同集聚的总体特征

一 研究方法与数据说明

利用公式(3-8)和公式(3-9)以及"中国工业企业数据库"(2011)中的工业总产值数据,以区(县)为空间单元,分别计算中国284个地级市每个产业组合的产业间协同集聚指数,得到2011年中国各地级市制造业各细分行业间协同集聚指数矩阵,进而对284个矩阵的数据进行整理。①

本章按照要素密集程度将120个产业组合分为劳动-劳动密集型(15

---

① 2011年我国共有287个地级市,受数据可获得性限制,本书并未包括中山市、三亚市和嘉峪关市,故共有284个地级市;数据量过大,故未在本书中呈现。

个）、劳动 – 资本密集型（36 个）、劳动 – 技术密集型（24 个）、资本 – 资本密集型（15 个）、资本 – 技术密集型（24 个）和技术 – 技术密集型（6 个）等六种类型的产业组合；按照区位将 284 个地级市分为东部地区（包括北京、天津、河北、上海、江苏、浙江、福建、山东、广东、海南 10 个省或直辖市范围内的地级市，共 85 个）、中部地区（包括山西、安徽、江西、河南、湖北、湖南 6 省范围内的地级市，共 81 个）、西部地区（包括重庆、四川、贵州、云南、西藏、陕西、甘肃、青海、宁夏、新疆、内蒙古、广西 12 个省、自治区或直辖市范围内的地级市，共 84 个）和东北地区（包括辽宁、吉林、黑龙江 3 省范围内的地级市，共 34 个）四种类型；并按照 2014 年《国家新型城镇化规划》的配套文件《城市规模划分标准调整方案》（国发〔2014〕51 号文）发布的最新的城市规模等级划分标准将 287 个地级市分为五类七档，如表 6 – 1 所示。①

表 6 – 1　不同规模等级城市的划分标准及数量

城市规模等级		划分标准	城市数量
超大城市		1000 万以上	3
特大城市		500 万 ~ 1000 万	9
大城市	Ⅰ型大城市	300 万 ~ 500 万	11
	Ⅱ型大城市	100 万 ~ 300 万	47
中等城市		50 万 ~ 100 万	87
小城市	Ⅰ型小城市	20 万 ~ 50 万	107
	Ⅱ型小城市	20 万以下	23

二　各地级市产业间协同集聚指数测度

首先，各地级市的产业结构和产业门类不尽相同，在城市层面上，各制造业细分行业并不是普遍分布的，有些制造业细分行业在一些地级市中并未涉及，那么这些制造业细分行业与其他制造业细分行业组成的产业组

---

① 新的城市规模划分标准以城区常住人口为统计口径，城区是指市辖区和不设区的市，以及区、市政府驻地的实际建设连接到的居民委员会所辖区域和其他区域。常住人口包括居住在本乡镇街道且户口在本乡镇街道或户口待定的人，居住在本乡镇街道且离开户口登记地所在的乡镇街道半年以上的人，以及户口在本乡镇街道且外出不满半年或在境外工作学习的人。本书的人口数据来自 2010 年的全国第六次人口普查。

合在该地级市中也并不存在。因此，为反映实际情况，本书首先需要对各
地级市实际存在的产业组合总数进行统计，剔除缺失值的产业组合。2011
年各地级市的产业间协同集聚状况如附录Ⅵ所示。数据表明，2011年，产
业组合总数为120个，不存在缺失值的"全产业地级市"共有118个（见
表6-2）。各制造业细分行业在这些地级市中均有分布，说明这些地级市
的产业门类较为齐全，制造业发展较为成熟，产业水平总体较高。在这
118个"全产业地级市"中，东部地区有56个，中部地区有33个，西部
地区有15个，东北地区有14个，分别占各自区域地级市总数的65.88%、
40.74%、17.86%和41.18%，东部地区比例最高，西部地区最低。从城
市规模等级来看，3个超大城市、9个特大城市均在其中，Ⅰ型大城市、
Ⅱ型大城市、中等城市和Ⅰ型小城市的数量分别是10个、34个、39个和
23个，占各自规模等级城市总数的比例依次降低，不存在Ⅱ型小城市。
（如图6-1所示）

表6-2 "全产业地级市"的区位分布及等级规模（2011年）

省份	地级市	区位	城市规模等级
北京市	北京	东部地区	超大城市
天津市	天津	东部地区	特大城市
河北省	石家庄	东部地区	Ⅱ型大城市
	唐山	东部地区	Ⅱ型大城市
	邯郸	东部地区	Ⅱ型大城市
	保定	东部地区	Ⅱ型大城市
	沧州	东部地区	Ⅰ型小城市
	廊坊	东部地区	Ⅰ型小城市
辽宁省	沈阳	东北地区	特大城市
	大连	东北地区	Ⅰ型大城市
	鞍山	东北地区	Ⅱ型大城市
	抚顺	东北地区	Ⅱ型大城市
	本溪	东北地区	中等城市
	丹东	东北地区	中等城市
	锦州	东北地区	中等城市
	营口	东北地区	中等城市

续表

省份	地级市	区位	城市规模等级
辽宁省	辽阳	东北地区	中等城市
	铁岭	东北地区	I型小城市
吉林省	长春	东北地区	I型大城市
	吉林	东北地区	II型大城市
黑龙江省	哈尔滨	东北地区	I型大城市
	牡丹江	东北地区	中等城市
上海市	上海	东部地区	超大城市
江苏省	南京	东部地区	特大城市
	无锡	东部地区	II型大城市
	徐州	东部地区	II型大城市
	常州	东部地区	II型大城市
	苏州	东部地区	II型大城市
	南通	东部地区	II型大城市
	连云港	东部地区	中等城市
	淮安	东部地区	II型大城市
	盐城	东部地区	中等城市
	扬州	东部地区	中等城市
	镇江	东部地区	中等城市
	泰州	东部地区	中等城市
浙江省	杭州	东部地区	I型大城市
	宁波	东部地区	II型大城市
	温州	东部地区	II型大城市
	嘉兴	东部地区	中等城市
	湖州	东部地区	中等城市
	绍兴	东部地区	I型小城市
	金华	东部地区	中等城市
	舟山	东部地区	I型小城市
	台州	东部地区	II型大城市
安徽省	合肥	中部地区	I型大城市
	芜湖	中部地区	II型大城市
	铜陵	中部地区	I型小城市

续表

省份	地级市	区位	城市规模等级
安徽省	巢湖	中部地区	Ⅰ型小城市
福建省	福州	东部地区	Ⅱ型大城市
	厦门	东部地区	Ⅱ型大城市
	三明	东部地区	Ⅰ型小城市
	泉州	东部地区	Ⅱ型大城市
	漳州	东部地区	中等城市
江西省	南昌	中部地区	Ⅱ型大城市
	萍乡	中部地区	Ⅰ型小城市
	九江	中部地区	中等城市
	新余	中部地区	Ⅰ型小城市
	吉安	中部地区	Ⅰ型小城市
	宜春	中部地区	Ⅰ型小城市
	抚州	中部地区	Ⅰ型小城市
山东省	济南	东部地区	Ⅰ型大城市
	青岛	东部地区	Ⅰ型大城市
	淄博	东部地区	Ⅱ型大城市
	枣庄	东部地区	中等城市
	烟台	东部地区	Ⅱ型大城市
	潍坊	东部地区	Ⅱ型大城市
	济宁	东部地区	中等城市
	威海	东部地区	中等城市
	临沂	东部地区	Ⅱ型大城市
	德州	东部地区	中等城市
河南省	郑州	中部地区	Ⅰ型大城市
	洛阳	中部地区	Ⅱ型大城市
	平顶山	中部地区	中等城市
	焦作	中部地区	中等城市
	许昌	中部地区	Ⅰ型小城市
	漯河	中部地区	中等城市
	三门峡	中部地区	Ⅰ型小城市
	南阳	中部地区	中等城市

续表

省份	地级市	区位	城市规模等级
河南省	商丘	中部地区	中等城市
	信阳	中部地区	中等城市
	驻马店	中部地区	Ⅰ型小城市
湖北省	武汉	中部地区	特大城市
	宜昌	中部地区	中等城市
	孝感	中部地区	中等城市
	黄冈	中部地区	Ⅰ型小城市
湖南省	长沙	中部地区	Ⅱ型大城市
	株洲	中部地区	中等城市
	湘潭	中部地区	中等城市
	衡阳	中部地区	Ⅱ型大城市
	邵阳	中部地区	中等城市
	岳阳	中部地区	中等城市
	常德	中部地区	中等城市
广东省	广州	东部地区	特大城市
	深圳	东部地区	超大城市
	汕头	东部地区	Ⅱ型大城市
	佛山	东部地区	特大城市
	江门	东部地区	Ⅱ型大城市
	湛江	东部地区	中等城市
	茂名	东部地区	中等城市
	惠州	东部地区	Ⅱ型大城市
	清远	东部地区	Ⅰ型小城市
	东莞	东部地区	特大城市
	揭阳	东部地区	中等城市
广西壮族自治区	南宁	西部地区	Ⅱ型大城市
	柳州	西部地区	Ⅱ型大城市
重庆市	重庆	西部地区	特大城市
四川省	成都	西部地区	特大城市
	自贡	西部地区	中等城市
	德阳	西部地区	Ⅰ型小城市

续表

省份	地级市	区位	城市规模等级
四川省	绵阳	西部地区	中等城市
	乐山	西部地区	中等城市
	眉山	西部地区	I型小城市
	宜宾	西部地区	中等城市
云南省	昆明	西部地区	I型大城市
陕西省	西安	西部地区	I型大城市
	咸阳	西部地区	中等城市
甘肃省	兰州	西部地区	II型大城市
	天水	西部地区	I型小城市

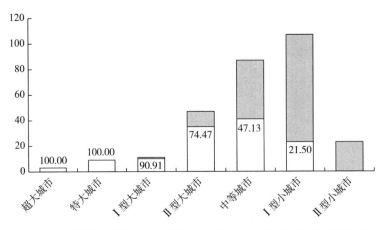

图 6-1 各规模等级城市中"全产业地级市"的数量及比例（2011 年）

其次，分别统计各地级市产业间协同集聚指数，结果为正值，即存在产业间协同集聚的产业组合数，统计结果如附录Ⅵ所示。数据表明，产业间协同集聚指数大于零的产业组合数最多的地级市是大连，120 个，也是284 个地级市中唯一一个所有产业组合均存在产业间协同集聚现象的城市。图 6-2 为各地级市所属规模等级与该地级市存在产业间协同集聚的产业组合数的散点图，从总体的城市规模等级来看，两者之间存在一定的线性关系，即城市规模等级越高，存在产业间协同集聚的产业组合数越多。进一步的，存在产业间协同集聚产业组合数前 10% 和后 10% 的地级市如表

6-3 所示。前10%的地级市中除了8座西部和中部经济相对发达的城市以及东北地区辽宁的大连、沈阳和铁岭外，其他均分布在东部地区，相反，在产业组合总数后10%的28个地级市中，有21个地级市位于西部地区，占75%，其他7个分别是中部地区山西省的忻州、朔州和阳泉，以及东北地区黑龙江省的双鸭山、鹤岗、黑河和佳木斯。可见，这些产业门类较为单一的地级市一般为西部经济欠发达、产业发展相对落后的城市，或是中部和东北部的资源型城市。从城市规模等级来看，除鹤岗、六盘水和阳泉为中等城市以外，其他地级市均为小城市。这也在一定程度上反映了我国东部地区经济发展水平相对较高、产业发展相对成熟、产业门类相对完整，因此产业间协同集聚现象也相对较为普遍，而西部地区的现实状况恰恰相反。

表 6-3　存在产业间协同集聚的产业组合数前 10% 和
后 10% 的地级市（2011 年）

		存在产业间协同集聚的产业组合数前 10%			存在产业间协同集聚的产业组合数后 10%		
		地级市	产业组合数	排名	地级市	产业组合数	排名
东部地区	北京市	北京	95	18			
	天津市	天津	100	13			
	上海市	上海	110	2			
	江苏省	常州	105	8			
		无锡	101	12			
		苏州	99	15			
	浙江省	宁波	108	4			
		舟山	100	13			
		台州	93	20			
		温州	91	22			
		杭州	90	28			
	福建省	福州	103	11			
		漳州	91	22			
	山东省	威海	90	28			

续表

		存在产业间协同集聚的产业组合数前 10%			存在产业间协同集聚的产业组合数后 10%		
		地级市	产业组合数	排名	地级市	产业组合数	排名
东部地区	广东省	江门	106	6			
		深圳	99	15			
		清远	97	17			
		广州	91	22			
		惠州	90	28			
中部地区	山西省				朔州	11	10
					阳泉	14	17
					忻州	18	26
	江西省	南昌	108	4			
		新余	105	8			
		吉安	95	18			
西部地区	内蒙古自治区				乌海	10	8
					巴彦淖尔	13	13
	广西壮族自治区	南宁	91	22	防城港	14	17
					崇左	14	17
					来宾	15	20
	重庆市	重庆	106	6			
	四川省	成都	104	10	巴中	18	26
		绵阳	93	20			
	贵州省				六盘水	7	5
	云南省	昆明	91	22	临沧	6	3
					昭通	11	10
					丽江	11	10
					普洱	16	22
					保山	18	26
	西藏自治区				拉萨	17	25
	陕西省				商洛	10	8
					榆林	13	13
					延安	15	20

续表

		存在产业间协同集聚的产业组合数前10%			存在产业间协同集聚的产业组合数后10%		
		地级市	产业组合数	排名	地级市	产业组合数	排名
西部地区	甘肃省				陇南	4	1
					金昌	9	7
					定西	13	13
	宁夏回族自治区				固原	6	3
					石嘴山	16	22
东北地区	辽宁省	大连	120	1			
		沈阳	109	3			
		铁岭	91	22			
	黑龙江省				双鸭山	5	2
					鹤岗	8	6
					黑河	13	13
					佳木斯	17	24

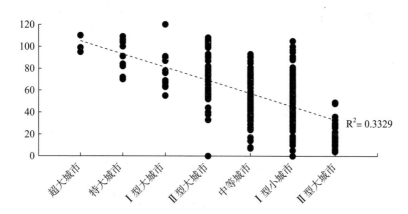

图6-2 城市规模等级与存在产业间协同集聚的产业组合数的散点示意

最后，关注各地级市产业间协同集聚指数最大的产业组合，如附录Ⅵ所示。可以发现，在284个地级市中，通信设备、计算机及其他电子设备制造业（m14）-仪器仪表及文化办公用机械制造业（m15）出现次数最多，其在21个地级市产业间协同集聚程度最大，说明该产业组合在各地级市内产业间协同集聚程度最高的可能性最大，这也与全国层面该产业组合的产业间协同集聚程度最高的结论相吻合。其他超过（包括）10个地级市的产业组合分别是电气机械及器材制造业（m13）－通信设备、计算机及其他电子设备制造业（m14），石油加工、炼焦及核燃料加工业（m6）－金属冶炼及压延加工业（m9），以及石油加工、炼焦及核燃料加工业（m6）－通信设备、计算机及其他电子设备制造业（m14），他们所在的地级市如表6-4所示。这4个产业组合合计占总数的20%左右，且均为资本和技术两种类型的制造业细分行业组成的产业组合。此外，所有284个地级市产业间协同集聚指数最大的产业组合中，涉及最多的制造业细分行业依次为通信设备、计算机及其他电子设备制造业（m14），石油加工、炼焦及核燃料加工业（m6）和仪器仪表及文化办公用机械制造业（m15）。

表6-4　在10个及以上地级市产业间协同集聚指数最大的
产业组合分布（2011年）

产业组合名称	产业组合类型	个数	分布地级市
m14 - m15	k - t	21	天津、鞍山、吉林、无锡、合肥、莆田、南昌、新余、宜春、淄博、洛阳、襄樊、鄂州、孝感、云浮、南宁、柳州、乐山、雅安、西安、宝鸡
m13 - m14	t - t	13	保定、晋城、齐齐哈尔、大庆、温州、南平、吉安、新乡、濮阳、荆州、怀化、渭南、平凉
m6 - m9	k - k	12	石家庄、大连、伊春、淮安、福州、三明、威海、焦作、信阳、武汉、绵阳、资阳
m6 - m14	k - t	10	丹东、牡丹江、南京、连云港、安庆、九江、济南、烟台、十堰、宜昌

第二节　地级市制造业产业间协同集聚水平和类型的差异分析

一　产业间协同集聚水平的差异

本书以各地级市存在产业间协同集聚的产业组合数占该地级市产业组合总数的比重来衡量其产业间协同集聚能力的强弱，记为地级市产业间协同集聚水平。并认为，存在产业间协同集聚的产业组合数占产业组合总数的比重越大，该地级市的各制造业细分行业之间发生产业间协同集聚的可能性越大，产业间协同集聚能力越强，产业间协同集聚水平越高。

　　分别计算各地级市的产业间协同集聚水平，如附录Ⅵ所示。数据表明，产业间协同集聚水平为1，即所有存在的产业组合均发生产业间协同集聚的地级市有3个，分别是大连（120个产业组合）、安康（28个产业组合）和固原（6个产业组合）。说明产业组合总数的多少并不会单纯地影响产业间协同集聚水平，一些产业门类较为单一的地级市的协同集聚水平反而较高。产业间协同集聚水平前10%的29个地级市和后10%的27个地级市如表6-5所示。可以发现，产业间协同集聚水平较高和较低的地级市在省份层面上分布基本错开。从更大的空间尺度来看，在产业间协同集聚水平较高的地级市中，有13个位于东部地区，比例最高，且城市规模等级多数在大城市及以上，包括了北京、上海和深圳三个超大城市和天津一个特大城市，位于中部和西部地区的比例均较小，且超过半数为小城市，但也包括了重庆和成都两个特大城市和南昌一个Ⅱ型大城市。而产业间协同集聚水平较低的地级市分布在西部地区居多，有11个，比例最高，并且整体上的城市规模等级以中等城市和Ⅰ型小城市为主，其他只有邯郸、银川两个Ⅱ型大城市和防城港一个Ⅱ型小城市。

表 6-5　产业间协同集聚水平前 10% 和后 10% 的地级市（2011 年）

| | | 产业间协同集聚水平前10% | | | 产业间协同集聚水平后10% | | |
		地级市	产业间协同集聚水平	排名	地级市	产业间协同集聚水平	排名
东部地区	北京市	北京	0.79167	28			
	天津市	天津	0.83333	16			
	河北省	秦皇岛	0.89011	8	邯郸	0.36667	21
	上海市	上海	0.91667	4			
	江苏省	无锡	0.84167	15			
		常州	0.87500	11			
		苏州	0.82500	18			
	浙江省	宁波	0.90000	6			
		舟山	0.83333	17			
	福建省	福州	0.85833	14			

续表

		产业间协同集聚水平前10%			产业间协同集聚水平后10%		
		地级市	产业间协同集聚水平	排名	地级市	产业间协同集聚水平	排名
东部地区	山东省				聊城	0.34286	11
	广东省	深圳	0.82500	19	茂名	0.35000	13
		江门	0.88333	9			
		清远	0.80833	24			
中部地区	山西省				运城	0.38462	28
	安徽省				阜阳	0.31868	7
					宿州	0.36264	20
					宣城	0.38095	25
	江西省	南昌	0.90000	7			
		新余	0.87500	12			
		赣州	0.80952	23			
		吉安	0.79167	29			
	河南省				平顶山	0.35833	18
					信阳	0.34167	10
					周口	0.38095	26
	湖北省	鄂州	0.80220	25	宜昌	0.36667	22
西部地区	内蒙古自治区				乌海	0.35714	17
					赤峰	0.33333	9
					鄂尔多斯	0.35165	14
					巴彦淖尔	0.36111	19
					乌兰察布	0.34848	12
	广西壮族自治区				防城港	0.31111	5
					钦州	0.35165	15
	重庆市	重庆	0.88333	10			
	四川省	成都	0.86667	13	自贡	0.37500	23
	贵州省				六盘水	0.25000	2
	陕西省	宝鸡	0.81818	20			
		安康	1.00000	1			
	甘肃省	白银	0.81818	21			

续表

		产业间协同集聚水平前10%			产业间协同集聚水平后10%		
		地级市	产业间协同集聚水平	排名	地级市	产业间协同集聚水平	排名
西部地区	宁夏回族自治区	固原	1.00000	2	银川	0.31429	6
					石嘴山	0.35556	16
	新疆维吾尔自治区	克拉玛依	0.80000	26			
东北地区	辽宁省	沈阳	0.90833	5	辽阳	0.38333	27
		大连	1.00000	3			
	吉林省	辽源	0.79487	27	通化	0.31868	8
	黑龙江省	绥化	0.81818	22	双鸭山	0.28571	3
					伊春	0.23810	1
					佳木斯	0.37879	24

二 产业间协同集聚类型的差异

首先按照六种产业组合类型,分别统计各地级市存在产业间协同集聚,即产业间协同集聚指数为正值的产业组合数量。由于在所有的120个产业组合中,各类型产业组合个数不尽相同,劳动-劳动密集型共15个,劳动-资本密集型共36个,劳动-技术密集型共24个,资本-资本密集型共15个,资本-技术密集型共24个,技术-技术密集型共6个,因此,在比较各地级市哪种类型产业组合占优前,先分别除以该类型产业组合的个数,得到各地级市各类型产业组合之间的相对比例。最后分别取各地级市相对比例最高的产业组合类型作为该地级市的主导产业组合类型,并认为该地级市的产业间协同集聚更容易或倾向于在该类型产业组合中发生(如附录Ⅵ所示)。例如,北京共有95个产业组合存在产业间协同集聚,其中,劳动-劳动密集型14个,劳动-资本密集型25个,劳动-技术密集型23个,资本-资本密集型9个,资本-技术密集型18个,技术-技术密集型6个,分别占各自产业组合类型的93.33%、69.44%、95.83%、60.00%、75.00%和100.00%,技术-技术密集型产业组合的相对比例最高,为主导的产业组合类型,因此,认为北京为技术-技术型产业间协同集聚城市,即技术-技术密集型产业组合更容易在北京发生产业间协同集聚。需要指出的是,如果一个地级市主导的产业组合类型大于或等于2个,则将该地级市定义为混合型产业间协同集聚城市。

由附录Ⅵ可知，在284个地级市中，共有劳动－劳动型产业间协同集聚城市61个，劳动－资本型10个，劳动－技术型24个，资本－资本型49个，资本－技术型23个，技术－技术型90个，混合型27个（如图6－3所示）。技术－技术型产业间协同集聚城市数量最多，其次是劳动－劳动型和资本－资本型，劳动－资本型最少。由此可见，相较于两个制造业细分行业产业类型不同的产业组合，相同产业类型的两个制造业细分行业组成的产业组合在各地级市产业间协同集聚中占主导地位的可能性更高，在70%以上。

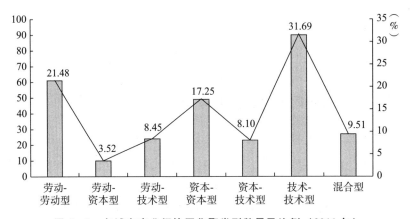

图6－3　各城市产业间协同集聚类型数量及比例（2011年）

在空间分布上，各产业间协同集聚类型在东部、中部、西部和东北四大区域分布情况如表6－6所示。可以发现，劳动－劳动型和劳动－资本型产业间协同集聚城市较多地分布在东部和中部地区，劳动－技术型和资本－技术型在西部地区较多，资本－资本型和混合型较多地分布在中部和西部地区，技术－技术型在东部地区较多。在城市规模等级方面，各等级规模城市对应的产业间协同集聚类型如表6－7所示，其中，超大城市和特大城市为技术－技术型或混合型产业间协同集聚城市。

表6－6　各产业间协同集聚类型在四大区域分布情况（2011年）

	劳动－劳动型	劳动－资本型	劳动－技术型	资本－资本型	资本－技术型	技术－技术型	混合型
东部地区	19	4	6	10	4	35	7

续表

	劳动－劳动型	劳动－资本型	劳动－技术型	资本－资本型	资本－技术型	技术－技术型	混合型
中部地区	19	4	4	15	6	25	8
西部地区	17	1	11	16	9	21	9
东北地区	6	1	3	8	4	9	3

表6-7　各产业间协同集聚类型与各等级规模城市对应情况（2011年）

	劳动－劳动型	劳动－资本型	劳动－技术型	资本－资本型	资本－技术型	技术－技术型	混合型
超大城市	0	0	0	0	0	2	1
特大城市	2	0	0	1	0	4	2
Ⅰ型大城市	3	1	0	2	0	4	1
Ⅱ型大城市	9	1	3	1	3	23	6
中等城市	20	3	9	19	7	23	6
Ⅰ型小城市	20	4	7	21	9	34	10
Ⅱ型小城市	7	1	5	5	4	0	1

第三节　地级市制造业产业间协同集聚的演化特征

利用公式（3-8）和公式（3-9）以及《中国工业企业数据库》（2003）中的工业总产值数据，以区（县）为空间单元，分别计算中国281个地级市每个产业组合的产业间协同集聚指数，得到2003年中国各地级市制造业各细分行业间协同集聚指数矩阵，进而对281个矩阵的数据进行整理。① 仿照前文针对2011年的分析方法，分别统计2003年各地级市产业组合总数和存在产业间协同集聚的产业组合数，计算各地级市产业

---

① 2003年我国共有285个地级市，受数据可获得性限制，本书并未包括东莞市、中山市、三亚市和嘉峪关市，故共有281个地级市；由于数据量过大，未在本书中呈现。

间协同集聚水平和城市产业间协同集聚类型如附录 I 所示，并将结果与
2011 年的情形进行对比。①

在产业组合总数方面，2003～2011 年，有 97 个地级市产业组合总数
增加，118 个地级市未发生变化，66 个地级市产业组合总数减少。从区位
来看，产业组合总数稳定不变的地级市多位于东部地区，中部、西部和东
北地区产业组合总数变化的地级市数量相对较多。从城市规模等级来看，
产业组合总数未发生变化的地级市中，包含了全部的超大城市、特大城市
和除太原、长春之外的其他 I 型大城市，以及近三分之二的 II 型大城市，
且仅有崇左一个 II 型小城市。相反的，产业组合总数增加或减少的地级市
则多以中等城市、I 型小城市和 II 型小城市为主。说明 2003～2011 年，东
部经济相对发达、城市规模等级较高的地级市产业发展较为稳定，产业门
类基本不发生变化，而经济发展相对落后、城市规模等级较低的地级市的
产业组合总数多发生变化，其中，中部、东北和西南地区产业组合总数多
增加，产业门类增多，发展水平提升，西北地区产业组合总数减少的居
多，产业门类有所缩减。

在存在产业间协同集聚的产业组合数方面，2003～2011 年，有 166 个
地级市存在产业间协同集聚的产业组合数量增加，4 个地级市未发生变化，
111 个地级市存在产业间协同集聚的产业组合数量减少。其中，4 个未发
生变化的地级市分别是湖南的株洲、河南的三门峡、山西的朔州和广西的
贵港。进一步观察产业间协同集聚指数为正值的产业组合数量增加和减少
前 10% 的地级市，如表 6－8 所示，这些地级市在产业间协同集聚指数为
正值的产业组合数量上变化较大。可以发现，2003～2011 年，产业间协同
集聚指数为正值的产业组合数量增加和减少前 10% 的地级市分别分布在 15
和 16 个省份内，且在省份层面上除江苏、广东和安徽外基本错开，在城市
规模等级上，除长春和西安为 I 型大城市外，其他地级市的城市规模等级
均为 II 型大城市及以下。

---

① 2003 年和 2011 年的比较中，共有 281 个地级市，未包含东莞市、临沧市和中卫市；由于
数据量过大，未在本书中呈现。

表 6 - 8　存在产业间协同集聚的产业组合数量增加和减少
前 10% 的地级市（2003 ~ 2011 年）

		增加前 10%			减少前 10%		
		地级市	存在产业间协同集聚的产业组合数	排名	地级市	存在产业间协同集聚的产业组合数	排名
东部地区	江苏省	连云港	28	7	扬州	21	20
		徐州	27	10	泰州	20	22
		宿迁	25	14			
	浙江省	丽水	26	13	嘉兴	21	20
		舟山	23	21			
		宁波	21	25			
	福建省	福州	23	21			
		宁德	20	27			
	山东省				莱芜	30	4
					日照	27	9
	广东省	清远	46	3	湛江	29	6
		汕尾	22	23	阳江	24	16
					珠海	22	18
中部地区	山西省	吕梁	20	27	阳泉	36	2
					大同	26	11
	安徽省	铜陵	27	10	蚌埠	26	11
		淮北	20	27	阜阳	22	18
	江西省	新余	66	1			
		吉安	54	2			
		鹰潭	28	7			
		南昌	25	14			
	河南省	焦作	27	10	南阳	19	24
		驻马店	22	23			
	湖北省	襄樊	25	14			
		十堰	20	27			
	湖南省				张家界	24	16

续表

		增加前10%			减少前10%		
		地级市	存在产业间协同集聚的产业组合数	排名	地级市	存在产业间协同集聚的产业组合数	排名
西部地区	内蒙古自治区	通辽	25	14	巴彦淖尔	60	1
					赤峰	26	11
	广西壮族自治区	北海	25	14	河池	19	24
					桂林	18	27
	四川省	遂宁	34	4			
		雅安	28	7			
		攀枝花	21	25			
	贵州省				贵阳	26	11
					遵义	25	14
	云南省				玉溪	29	6
	西藏自治区				拉萨	28	8
	陕西省				延安	30	4
					西安	18	27
	甘肃省	武威	24	19	张掖	34	3
					定西	27	9
					平凉	19	24
					庆阳	18	27
东北地区	辽宁省	本溪	31	5			
	吉林省	长春	29	6			
		松原	24	19			
	黑龙江省				鸡西	20	22

在产业间协同集聚水平方面，2003～2011 年，有 154 个地级市的产业间协同集聚水平提高，3 个地级市未发生变化，124 个地级市的产业间协同集聚水平降低。其中，3 个未发生变化的地级市分别是湖南的株洲、山西的朔州和云南的普洱。进一步观察产业间协同集聚水平增加和减少前10% 的地级市，如表 6-9 所示，这些地级市在产业间协同集聚水平上变化较大。可以发现，2003～2011 年，产业间协同集聚水平增加和减少前10%

的地级市都分布在17个省份内,在城市规模等级上,除长春和西安为I型大城市外,其他的地级市规模等级均为II型大城市及以下。

进一步的,与2003~2011年存在产业间协同集聚的产业组合数量增加和减少前10%的地级市相互比较,位于东部地区的各地级市基本没有差异,而位于其他区域尤其是西部地区的地级市差别较大,在城市规模等级上,I型大城市和II型大城市基本没有差异,而其他类型地级市差别较大,结合各地级市产业组合总数的变化规律可以发现,2003~2011年,在产业间协同集聚水平变化较为明显的地级市中,东部地区和城市规模等级较高的地级市的变化主要是由存在产业间协同集聚的产业组合数量发生变化而引起的,即部分产业组合涉及的制造业细分行业的空间分布发生了调整和变化,而西部地区和城市规模等级较低的地级市的变化则主要是由产业组合总数发生变化而引起的,即产业门类甚至是产业结构发生了调整和变化。

表6-9　产业间协同集聚水平增加和减少前10%的地级市（2003~2011年）

		增加前10%			减少前10%		
		地级市	产业间协同集聚水平	排名	地级市	产业间协同集聚水平	排名
东部地区	江苏省	连云港	0.17857	12	扬州	-0.17500	19
		徐州	0.22500	21	泰州	-0.16667	22
	浙江省	丽水	0.24762	9	嘉兴	-0.17500	18
		宁波	0.17500	24			
	福建省	福州	0.19167	16			
		宁德	0.19048	17			
	山东省	菏泽	0.17619	23	日照	-0.29670	5
					莱芜	-0.24176	9
	广东省	清远	0.32262	5	湛江	-0.24167	10
		汕尾	0.18132	20	珠海	-0.20952	12
					阳江	-0.17143	21
中部地区	山西省	吕梁	0.36364	3	临汾	-0.18252	15
					阳泉	-0.16056	25

续表

		增加前 10%			减少前 10%		
		地级市	产业间协同集聚水平	排名	地级市	产业间协同集聚水平	排名
中部地区	安徽省	铜陵	0.18333	18	蚌埠	-0.24762	7
					阜阳	-0.24176	8
	江西省	吉安	0.20833	14			
		新余	0.28409	7			
		鹰潭	0.26923	8			
		南昌	0.45000	2			
	河南省	焦作	0.16310	28	三门峡	-0.16465	24
					南阳	-0.15833	26
	湖北省	襄樊	0.23810	10	孝感	-0.17976	16
					黄冈	-0.17619	17
	湖南省	娄底	0.19780	15	张家界	-0.23077	11
西部地区	内蒙古自治区				赤峰	-0.33333	3
					巴彦淖尔	-0.32757	4
	广西壮族自治区	来宾	0.17857	22	玉林	-0.17436	20
					防城港	-0.16508	23
					贵港	-0.15401	27
	四川省	南充	0.18333	19			
		攀枝花	0.17273	26			
		雅安	0.16154	29			
	云南省				玉溪	-0.27922	6
	西藏自治区				拉萨	-0.39286	2
	陕西省	安康	0.36111	4	西安	-0.15000	28
	甘肃省	武威	0.23077	11	张掖	-0.42626	1
		白银	0.17374	25			
	宁夏回族自治区	固原	0.52778	1	石嘴山	-0.20000	13
东北地区	吉林省	辽源	0.31136	6			
		松原	0.22191	13			
		长春	0.17262	27			
	黑龙江省				佳木斯	-0.19091	14

在城市产业间协同集聚类型方面，2003～2011 年，没有发生变化的地级市仅有 65 个，在区位上，位于东部地区的地级市有 25 个，中部地区 12 个，西部地区 18 个，东北地区 10 个，分别占各自区域地级市总数的 29.76%、14.81%、21.95% 和 29.41%，东部和东北地区比例较高，中部地区最低。在城市规模等级上，超大城市上海为混合型产业间协同集聚城市；特大城市 3 个，包括天津、佛山和武汉，均为技术－技术型；I 型大城市 7 个，II 型大城市 15 个，中等城市 23 个，I 型小城市 15 个，仅有崇左一个 II 型小城市，为劳动－劳动型，分别占各自规模等级城市总数的 33.33%、37.50%、63.64%、32.61%、26.44%、14.29% 和 4.76%（如图 6－4 所示），大城市的比例高，小城市的比例低。产业间协同集聚类型发生变化的地级市有 216 个，其中，有 58 个地级市的产业间协同集聚类型由混合型转为其他类型，占 26.85%，说明这些城市中发生产业间协同集聚的产业组合类型逐步集中和明确。

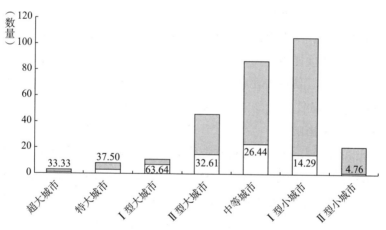

图 6－4　各规模等级城市中产业间协同集聚类型未发生
变化的比例（2003～2011 年）

第四节　中国制造业产业间协同集聚区域
差异的影响因素

一　理论假说

（一）交通运输成本

基于第二章产业间协同集聚影响机制的相关分析，本书认为，交通设施水平在一定程度上决定了各制造业细分行业在各地级市的交通运输成本，其与该地级市的产业间协同集聚水平之间存在相关性，且呈"倒 U"形关系。本书用各地级市市辖区城市道路面积占该地级市市辖区总面积的比重反映交通设施水平，用 ptran 表示，并认为该比重越大，交通设施条件越好，相应的交通运输成本越低，前期交通基础设施的建设会促进更多的产业组合发生产业间协同集聚，后期发达的交通运输网络反而会降低该地级市的产业间协同集聚水平。

假设 1：交通设施水平与各地级市产业间协同集聚水平相关，回归系数符号不确定。

（二）信息传输成本

本书认为，各地级市的产业间协同集聚水平在一定程度上受到该地级市信息传输能力的影响，信息传输能力越强，信息传输成本越低，各制造业细分行业越容易在该地级市实现知识或技术外溢，该地级市的产业间协同集聚水平越高。本书尝试以各地级市邮政和电信业务收入的对数反映该地级市的信息传输能力，用 infor 表示，并认为该数值越大，该地级市的信息传输能力越强，信息传输成本越低，相应的产业间协同集聚水平越高。

假设 2：信息传输能力与各地级市产业间协同集聚水平正相关。

（三）政策影响

各地级市的产业间协同集聚水平会受到政府力量和产业政策的影响，本书引入政府规模和开发区数量两个指标来衡量这种政策方面的影响。政府支出能够在一定程度上反映地方政府的财政实力，本书以各地级市政府非公共财政支出占该地级市生产总值的比重反映政府规模，用 gov 表示，并认为政府规模越大，对各制造业细分行业发展的影响作用越强，越能够推动该地级市的产业间协同集聚水平的提升。此外，本书以各地级市内国家级经济技术开发区和国家级高新技术产业开发区的数量来衡量开发区这种产业政策的作用，用 zone 表示，并认为开发区数量越多，该地级市的产业间协同集聚水平越高。

假设 3：政府规模与各地级市产业间协同集聚水平正相关。

假设 4：产业政策与各地级市产业间协同集聚水平正相关。

（四）其他控制变量

除交通运输成本、信息传输成本和政策影响外，本书还参考已有的产业集聚的相关研究成果（吕卫国和陈雯，2009；石敏俊等，2013），引入各地级市的经济发展水平、制造业劳动力供给和城市等级等作为控制变量。其中，经济发展水平用各地级市人均地区生产总值的对数来反映，用 $pgdp$ 表示，并认为人均地区生产总值越高，该地级市的产业间协同集聚水平越高；制造业劳动力供给用各地级市的制造业从业人员占比来反映，用 $labor$ 表示，并认为制造业从业人员所占比例越高，该地级市的产业间协同集聚水平越高；此外，将各地级市按照城市等级分为直辖市/省会城市和其他城市两种类型，用 $city$ 表示这一虚拟变量，并认为城市等级越高，该地级市的产业间协同集聚水平越高。

假设 5：经济发展水平与各地级市产业间协同集聚水平正相关。

假设 6：制造业劳动力供给与各地级市产业间协同集聚水平正相关。

假设 7：城市等级与各地级市产业间协同集聚水平正相关。

二　模型设定与数据说明

（一）变量说明

本书以中国 282[①] 个地级市为空间单元，重点关注各地级市产业间协同集聚水平的区域影响因素，以各地级市存在产业间协同集聚的产业组合数占该地级市产业组合总数的比重反映产业间协同集聚水平，旨在分析哪些城市属性或特征会在一定程度上决定该地级市发生产业间协同集聚的产业组合在所有产业组合中的比重。本节中主要解释变量的数据主要来源于 2012 年《中国城市统计年鉴》。模型中涉及的被解释变量和各解释变量的符号和含义如表 6 - 10 所示。

表 6 - 10　模型中各个变量的含义

变量	符号	定义
产业间协同集聚水平	rc	各地级市存在产业间协同集聚的产业组合数占该地级市产业组合总数的比重
交通设施水平	$ptran$	各地级市市辖区城市道路面积占该地级市市辖区总面积的比重
信息传输能力	$infor$	各地级市邮政和电信业务收入的对数

---

① 2011 年我国共有 287 个地级市，受数据可获得性限制，本节未包含中山市、三亚市和嘉峪关市，以及巢湖市和拉萨市。

变量	符号	定义
政府规模	gov	各地级市政府非公共财政支出占该地级市生产总值的比重
产业政策	zone	各地级市内国家级开发区数量
经济发展水平	pgdp	各地级市地区生产总值与该地级市人口总数比值的对数
制造业劳动力供给	labor	各地级市制造业从业人员数占该地级市从业人员总数的比重
城市等级	city	直辖市/省会城市为1，其他城市为0

需要说明的是，鉴于数据的可得性，$gov =$ （地方财政一般预算内支出 - 科学支出 - 教育支出）/该地级市生产总值；$zone$ 主要包括国家级经济技术开发区和国家级高新技术产业开发区的数量。

（二）模型设定

本书以各地级市产业间协同集聚水平为被解释变量，以影响各地级市内产业组合协同集聚的城市属性和特征为解释变量，基于 2011 年 282 个地级市的截面数据进行回归分析，计量模型设定为：

$$rc_i = \alpha_0 + \alpha_1 ptran_i + \alpha_2 infor_i + \alpha_3 gov_i + \alpha_4 zone_i + \alpha_5 pgdp_i + \alpha_6 labor_i + \alpha_7 city_i + u_i$$

$$(6 - 1)$$

三 计量回归与结果分析

按照模型（6-1），对各地级市产业间协同集聚水平进行截面数据回归，估计结果如表 6-11 所示。

表 6-11 各地级市产业间协同集聚水平的回归结果

解释变量	回归结果
ptran	- 0.00269
	（ - 0.47）
infor	0.0811 ***
	（2.74）
gov	0.676 ***
	（4.16）
zone	0.0198 *
	（1.87）

续表

解释变量	回归结果
labor	0. 218 ***
	(2. 89)
pgdp	0. 103 **
	(2. 12)
city	0. 24599
	(0. 68)
常数项	- 0. 481 *
	(- 1. 70)
样本数量	282

注:* p < 0.10, ** p < 0.05, *** p < 0.01, t statistics in parentheses。

根据回归估计结果，讨论实证研究结论。

(1) 在控制了其他变量的影响之后，*ptran* 回归系数虽然不显著，但是为负值。结合假设 1 的推演分析，说明我国交通运输条件相对较好，随着各地级市交通基础设施的继续建设和交通运输网络的逐步形成，区域内交通环境的进一步改善会使得各制造业细分行业开始倾向于分散布局，各地级市的产业间协同集聚水平反而有所下降。

交通设施水平是引导制造业企业选址和产业布局的重要因素。近年来，各级地方政府在招商引资、发展地方经济的过程中，都会把重点放在改善区域交通环境方面。交通基础设施状况直接关系制造业企业的运输费用和时间成本，因此，要促进制造业快速发展，推动产业结构升级调整，不断降低运输成本对各制造业细分行业空间布局的阻碍和约束，加强交通基础设施建设，提高区域内和区域间的交通可达性，改善投资环境，是十分重要的（陈曦等，2015b）。

(2) *infor* 回归系数显著为正，回归结果在统计意义上能够反映信息传输能力与各地级市产业间协同集聚水平之间的关系。说明信息传输能力越强，该地级市的产业间协同集聚水平越高，很好地印证了假设 2。

信息传输能力在一定程度上反映了该地级市的信息传输成本，一个地级市的信息传输能力越强，信息传输成本越低，各制造业细分行业之间和不同企业之间越容易在该地级市内实现知识、技术和信息的相互交流和交换。因此，各级地方政府为分享和交流创新成果，共享知识或技术溢出效应，应该高度重视信息传输等基础设施建设，不断提升信息传输能力，降低信息传输成本，从而引导制造业向信息化、智能化、高端化的方向发展。

（3）在政策影响方面，gov 和 zone 回归系数均显著，且均为正值，说明城市政府力量越强大，国家级开发区数量越多，该地级市的产业间协同集聚水平越高，符合理论预期，在一定程度上验证了前文的假设 3 和假设 4，即政府规模和产业政策与各地级市产业间协同集聚水平之间存在正向关系。

政府规模，即政府非公共财政支出占地区生产总值的比重越高，表明地方政府的财政实力越雄厚，自主发展权越大，在地区经济社会发展过程中所起到的作用也相应越显著。各城市政府通常通过开发区或新区建设引导产业的发展方向，各级各类开发区的设立作为空间性的产业政策，对各制造业细分行业的空间布局的影响不容忽视。在开发区的设立和发展过程中，中央和地方政府通过配套基础设施、提供资金保障、出台优惠政策等手段和途径吸引相关产业在特定区域落户发展，空间的邻近使得产业间发生协同集聚的可能性大大提高。基于此，各级地方政府在促进制造业发展的过程中，除了加大政府投入外，还必须制定积极的产业发展战略和投资引导政策，并在空间布局上对各制造业细分行业进行统一的规划和引导，依托本地传统优势产业，链接产业发展新动态和新方向，促进特色鲜明的专业化产业区的形成和壮大，以推动具有投入产出关联的相关产业的协同集聚和协调发展，有效地配置产业间资源，更好地分享规模经济，提升整体产业的生产效率，实现产业结构的优化升级。

（4）在其他控制变量的回归结果中，labor 和 pgdp 回归系数均显著且为正值；city 回归系数虽然为正值，但不显著。说明经济发展水平越高，制造业劳动力供给越丰裕的地级市，其产业间协同集聚水平越高，在一定程度上证实了假设 5 和假设 6，但城市等级对各地级市产业间协同集聚水平的影响并不明显。

产业发展与经济社会的全面发展密不可分。单纯的产业发展很难实现，只有依托发达的区域经济、优越的区位环境、先进的管理理念，才能实现产业的转型升级和可持续发展。此外，制造业的劳动力供给也为区域的产业发展提供了保障。当前中国的制造业迫切需要转型升级，彻底摆脱依赖低劳动力成本、低土地价格、高资源消耗等的困境和约束，不断延长产业链，调整产业结构，重点发展技术含量高、附加值高、投入产出比高的先进制造业，按照"高端、绿色、低碳"理念，构建以高端制造业为主体的制造业产业体系。因此，政府更应该注重创造良好的发展环境和服务环境，实施人才驱动战略，不断创新引进人才和留住人才的措施和政策，努力提高劳动力素质和水平，大力支持相关企业和科研单位从事核心技术研发和核心部件制造，推动高技术含量和自主知识产权产品的研发和生产（陈曦等，2015b）。

第五节 本章小结

本章从区域差异的视角来审视我国制造业的产业间协同集聚，通过计算 2003 年和 2011 年各地级市各制造业细分行业之间的产业间协同集聚指数，分析了各地级市产业间协同集聚水平和类型的差异性及其演化特征，并利用计量回归进一步探究了我国制造业产业间协同集聚区域差异的主要影响因素，得出以下五点结论。

第一，2011 年，产业门类较为齐全的"全产业地级市"多位于东部地区，且城市规模等级相对较高。相反，产业门类较为单一的地级市一般为西部经济欠发达、产业发展相对落后的城市，或是中部和东北部的资源型城市，且城市规模等级相对较低。从各地级市存在产业间协同集聚的产业组合数量中也可得到相似结论。这在一定程度上反映了我国东部地区经济发展水平相对较高，产业发展相对成熟，产业门类相对完整，因此产业间协同集聚现象也相对较为普遍，而西部地区恰恰相反的现实状况。

第二，在各地级市的产业间协同集聚水平方面，2011 年，大连、安康和固原三个地级市内所有存在的产业组合均发生产业间协同集聚，产业间协同集聚水平为 1。总体来看，产业间协同集聚水平较高和较低的地级市在省份层面上分布基本错开，在更大的尺度上，产业间协同集聚水平较高的地级市更多地分布在东部地区，而产业间协同集聚水平较低的地级市则以西部地区居多，并且以中等城市和 I 型小城市为主。

第三，在各地级市的产业间协同集聚类型方面，技术 - 技术型产业间协同集聚城市数量最多，劳动 - 资本型最少。相较于两个制造业细分行业产业类型不同的产业组合，相同产业类型的两个制造业细分行业组成的产业组合在各地级市产业间协同集聚中占主导地位的可能性更高，在 70% 以上。在区位上，劳动－劳动型和劳动－资本型产业间协同集聚城市较多分布在东部和中部地区，劳动－技术型和资本－技术型在西部地区较多，资本－资本型和混合型较多分布在中部和西部地区，技术－技术型在东部地区较多。此外，超大城市和特大城市基本上为技术－技术型或混合型产业间协同集聚城市。

第四，2003～2011 年，在产业间协同集聚水平变化较为明显的地级市中，东部地区和城市规模等级较高的地级市的变化主要是由部分制造业细分行业的空间分布发生变化而引起的，而西部地区和城市规模等级较低的地级市的变化则主要是由产业门类和产业结构发生变化而引起的。在产业间协同集聚类型发生变化的地级市中，有近 30% 的地级市的产业间协同集聚类型由混合型转为其他类型，说明这些城市中发生产业间协同集聚的产业组合类型逐步集中和明确。

第五，实证研究表明，在当前阶段，制度和政策是导致我国产业间协同集聚水平区域差异的决定性因素。财政实力雄厚的地方政府以及各级各类的开发区，在一定程度上提高了地级市的产业间协同集聚水平。基于此，城市政府在促进制造业发展的过程中，除了加大政府投入外，还有必要在空间布局上对各制造业细分行业进行统一的规划和引导，有效地配置产业间资源，更好地分享规模经济，不断增强开发区和新区的竞争优势和竞争力，推动具有投入产业关联的相关产业的协同集聚和协调发展。此外，信息传输能力、经济发展水平、制造业劳动力供给和交通设施水平等也是引导产业布局的重要因素之一。因此，地方政府要注重产业与经济社会的全面发展，依托发达的区域经济，提升信息化水平，实施人才引进战略，强化交通基础设施建设，改善区域投资环境，以实现产业转型升级和可持续发展。

|第七章|
结论与展望

本章是对全书的总结，在对本书主要研究成果进行概述的基础上，提出如何推动我国制造业转型升级，实现各制造业细分行业空间布局优化的相关政策建议，并指出本书的不足之处和有待未来进一步深化研究的主要方向。

第一节　主要研究结论

本书以中国制造业各细分行业两两之间的协同集聚现象为研究对象，在对制造业产业间协同集聚的影响机制进行理论探讨的基础上，基于区（县）数据，通过对全国和各地级市各制造业细分行业之间协同集聚指数和产业关联度的测度，运用面板数据回归、空间计量回归和地理加权回归等实证研究方法，围绕中国制造业产业间协同集聚的特征和演化、产业关联与产业间协同集聚的相互关系以及产业间协同集聚的区域差异等核心问题展开研究，得出的主要结论如下。

结论1：产业间协同集聚在中国制造业各细分行业之间普遍存在，但不同制造业细分行业和不同产业组合类型之间的产业间协同集聚程度差异较大。近年来，我国制造业总体的产业间协同集聚程度有所提高，各制造业细分行业和各产业组合类型变化幅度不尽相同。

通用、专用设备制造业和通信设备、计算机及其他电子设备制造业等制造业细分行业的产业间协同集聚程度总体较高，更容易与其他制造业细分行业发生产业间协同集聚，在空间上邻近分布，而金属冶炼及压延加工业等制造业细分行业在空间上与其他制造业细分行业的协同集聚程度一般较低。资本－技术密集型和技术－技术密集型产业组合的产业间协同集聚程度相对较高，在空间上更容易形成产业间协同集聚，而劳动－资本密集型产业组合的产业间协同集聚程度则普遍较低。近年来，通用、专用设备制造业，交通运输设备制造业和通信设备、计算机及其他电子设备制造业与其他制造业细分行业的产业间协同集聚程度普遍提升，而纺织服装鞋帽皮革羽绒及其制品业和仪器仪表及文化办公用机械制造业则与其他制造业细分行业在空间上的协同集聚程度减弱较为明显。技术－技术密集型和资本－技术密集型产业组合的产业间协同集聚程度一直较高且不断增大，资本－资本密集型产业组合的产业间协同集聚程度提升较快，而劳动－劳动密集型产业组合的产业间协同集聚程度有所减弱。

结论 2：中国制造业的产业间协同集聚与产业关联密切相关。

2011 年，近五分之一的产业组合产业关联强且空间布局邻近，产业间的投入产出关联是导致两个制造业细分行业在空间上协同集聚的重要因素，但不是唯一因素。具体来说，化学工业和电气机械及器材制造业与其他制造业细分行业组成的产业组合产业关联强且空间邻近的可能性较大。超过半数的技术－技术密集型产业组合产业关联强且空间邻近，其次是资本－技术密集型和资本－资本密集型产业组合，而这一比例在劳动－资本密集型产业组合中最小。近年来，产业关联强且空间分布邻近的产业组合有所增多，更高水平的产业关联导致产业组合在空间分布上更为邻近。

结论 3：两个制造业细分行业能否发生协同集聚以及协同集聚的程度受到投入产出关联、劳动力市场共享、知识或技术外溢等集聚力和资源需求差异、要素投入差异等分散力的共同作用的影响。

实证研究表明，产业间的投入产出关联对产业间协同集聚的正向影响和作用在中国制造业内部普遍存在。两个制造业细分行业会由于存在产业关联而在空间上邻近分布，并且产业关联越强的两个制造业细分行业的产业间协同集聚程度越高。实证研究还表明，劳动力市场共享效应在产业间协同集聚上同样存在并发挥积极作用，两个制造业细分行业的劳动力需求差异越小，越容易为实现劳动力市场共享而在空间上邻近布局。此外，两个制造业细分行业之间的能源需求差异越小，技术投入强度差异越小，越容易发生产业间协同集聚。

结论 4：产业关联对产业间协同集聚的影响存在一定的空间差异性。

约三分之二的产业关联较强的产业组对同时具有空间关联，产业组对的空间关联度较高区域多分布在内蒙古、河南、陕西、甘肃、安徽、湖北等部分中部和西部省份内，而在经济发达的直辖市内分布较少。部分产业组对的空间关联度的空间分布呈现规律性特征，尤其以金属制品业与其他制造业细分行业组成的产业组对表现最为明显。东北三省份空间关联度较高的产业组对基本相似，产业发展状况相近，产业结构和空间关系基本一致。

结论5：我国制造业产业间协同集聚存在较大的区域差异，并且这种区域差异主要受到制度和政策、信息传输能力、经济发展水平、制造业劳动力供给和交通设施水平等因素影响。

总的来说，我国东部地区产业发展相对成熟，产业门类相对完整，产业间协同集聚现象较为普遍，而西部经济欠发达地区以及中部和东北地区的资源型城市则恰恰相反。产业间协同集聚水平较高的地级市更多地分布在东部地区，城市规模等级也相对较高，这些区域产业间协同集聚水平的变化通常是由部分制造业细分行业的空间分布变化导致的。而产业间协同集聚水平较低的地级市则以西部地区居多，并以中等城市和Ⅰ型小城市为主，他们产业间协同集聚水平的变化多是由产业门类和产业结构变化引起的。此外，在所有地级市中，产业类型相同的两个制造业细分行业组成的产业组合类型在各地级市的产业间协同集聚中占主导地位的可能性较高，其中，技术－技术型产业间协同集聚城市数量最多。我国制造业产业间协同集聚区域差异主要由制度和政策、信息传输能力、经济发展水平、制造业劳动力供给和交通设施水平等因素造成。财政实力雄厚的地方政府以及各级、各类开发区的设立，在一定程度上提高了地级市的产业间协同集聚水平。

第二节　相关政策建议

基于前文对中国制造业产业间协同集聚相关问题的分析、研究和论述，结合我国产业发展的现实状况和未来趋势，笔者提出以下几点对策建议。

建议1：实现产业政策与区域政策"双坐标"协同引导。

随着经济的发展和市场化的深入，产业聚集所产生的外部效应已经成为引导制造业空间分布的重要因素。因此，中央政府和各级地方政府在制定区域经济发展战略时应该将产业发展和空间布局相互结合考虑，按照产业政策和区域政策"双坐标"来协同引导，综合考虑影响制造业各细分行业协同集聚的各种因素，因势利导，发挥最大的经济效应。其中，鉴于投入产出关联对产业间协同集聚的重要促进作用，在今后的制造业发展中，应该予以产业关联较强的制造业细分行业之间的相互协调促进和空间关联关系更多关注，针对不同制造业细分行业和地理空间制定相应的产业政策和空间规划，引导具有投入产出关联的不同产业协同集聚，从而实现外部经济。例如，在资源枯竭型城市转型升级的实践中，可以考虑引入与原有产业关联较强的其他制造业细分行业，并逐渐替代原有的经济效益较低的产业门类；在经济欠发达地区的精准扶贫工作中，要高度重视产业扶贫，通过引进和布局适合本地区发展的关联产业，不断提高产业间协同集聚程度，实现跨越式发展；在具有一定产业规模和基础的区域的优化发展中，应该强化对支柱、主导优势产业及关联性较强的制造业细分行业的支持，必要时可以研究出台细化的产业技术支持政策和产业空间布局的负面清单。

建议2：制定符合地区发展实际的人力资源引导政策。

劳动力市场共享效应在两个制造业细分行业的协同集聚过程中发挥了积极的作用。政府应该为劳动力流动提供较为宽松的外部环境和政策支持，保障劳动力流动渠道的畅通，促进相关产业在空间上的协同集聚。针对自身产业发展情况，各级地方政府应该逐步考虑对相对落后的产业进行转型升级，摆脱依赖低劳动力成本、低土地价格、高资源消耗等的困境和约束，延长产业链，调整产业结构，重点发展技术含量高、附加值高、投入产出比高的制造业。与此同时，政府应该高度重视对劳动力的转岗培训和继续教育，不断提高劳动力的素质和水平。在劳动力相对短缺的地区，还应该注重营造良好的区域发展环境和服务环境，吸引适宜的劳动力资源流向产业发展急需的部门和区域，不断创新引进人才和留住人才的措施和政策。

建议3：支持企业开展科技创新和技术共享。

知识或技术外溢是产业间协同集聚的影响因素，跨行业交流产生的知识溢出有利于区域竞争力的提升和相关产业的集聚。随着我国经济的腾飞和产业结构的升级,科技创新在制造业,尤其是技术密集型制造业发展中的重要作用日益凸显。在国家大力推行"大众创业、万众创新"的背景下,各级地方政府应该深入实施创新驱动发展战略,积极鼓励企业增强产业发展中的科技投入,提高自主创新能力,大力支持高技术含量和具有自主知识产权的产品的研发和生产,通过"互联网+制造业",加强科技成果转化,提升投入产出绩效。同时,各级地方政府还应高度重视搭建支撑本地主导优势产业的科技创新平台和创新中心,不断推动企业之间加强技术合作,通过技术共享,实现互利共赢。

建议4:引导相关产业在开发区或新区中协同布局。

各类开发区和新区的设立作为空间性的产业政策,会对各制造业细分行业的空间布局产生较大影响。中央和各级地方政府可以通过开发区或新区建设引导产业的发展方向。在开发区的设立和招商引资的过程中,政府应该在产业选择和空间布局上进行统一的规划和调控,依托本地传统优势产业,链接产业发展新动态和新方向,促进特色鲜明的专业化产业区的形成和壮大,通过配套基础设施、提供资金保障、出台优惠政策等手段和途径吸引相关产业落户发展,促进具有投入产出关联的特定产业的协同集聚,有效地配置产业间资源,更好地分享规模经济,提升整体产业的生产效率,实现产业结构的优化升级,不断增强开发区和新区的竞争优势和竞争力。

第三节　未来研究设想

目前我国对两个制造业细分行业的产业间协同集聚研究还相对较少,本书仅是在此方面做出的一个初步尝试。在研究过程中,还存在一些不足之处,也是作者今后进一步研究的主要方向。

(1)受产业关联数据的可获得性限制,本书仅关注了《中国投入产出表》中涉及的16个制造业细分行业,行业分类较为粗泛,可能会导致两个产业之间的产业关联过于笼统。在今后的研究中,可以考虑更为细化的行业数据,如3位码行业或4位码行业,或许会有更为细致的发现,也可以尝试以同一产业链或同一行业大类内的各细分行业为研究对象展开相似研究，也许会有一些新颖的、更具针对性的结论。

（2）本书主要是从实证角度进行的，在理论方面基于 Venables 的垂直关联模型，尝试构建了两个制造业细分行业间协同集聚的理论模型，对产业间协同集聚机理的探讨和推演还不够充分。在未来的研究中，可以考虑在模型中加入更多的影响因素，并通过数值模拟等方式得出更为全面的结论。

（3）在产业间协同集聚影响因素的实证研究中，知识或技术溢出效应并没有得到很好的印证，可能是该变量的指标选择所导致的。知识或技术溢出作为产业集聚的影响因素之一较难直接度量，在产业间协同集聚影响因素分析中更是如此。因此，在今后的研究中，用怎样的指标和方法来更贴切地量化和衡量产业间的知识或技术溢出效应，还需要深入的研究和探讨。

参考文献

[1] 安虎森, 朱妍. 产业集群理论及其进展 [J]. 南开经济研究, 2003, (3): 31 –36.

[2] 柴志贤, 黄祖辉. 国外空间经济研究的最新进展及发展趋势 [J]. 经济评论, 2006, (1): 155 –160.

[3] 陈国亮. 海洋产业协同集聚形成机制与空间外溢效应 [J]. 经济地理, 2015, 35 (7): 113 –119.

[4] 陈良文, 杨开忠, 吴姣. 地方化经济与城市化经济——对我国省份制造业数据的实证研究 [J]. 经济问题探索, 2006, 11: 18 –24.

[5] 陈良文, 杨开忠. 集聚经济的六类模型: 一个研究综述 [J]. 经济科学, 2006, (6): 107 –117.

[6] 陈曦, 席强敏, 李国平. 制造业内部产业关联与空间分布关系的实证研究 [J]. 地理研究, 2015a, 34 (10): 1943 –1956.

[7] 陈曦, 席强敏, 李国平. 城镇化水平与制造业空间分布——基于中国省级面板数据的实证研究 [J]. 地理科学, 2015b, 35 (3): 259 –267.

[8] 陈仲常. 产业经济: 理论与实证分析 [M]. 重庆: 重庆大学出版社, 2005.

[9] 楚波, 梁进社. 基于 OPM 模型的北京制造业区位因子的影响分析 [J]. 地理研究, 2007, 26 (4): 723 –734.

[10] 范剑勇, 石灵云. 产业外部性、企业竞争环境与劳动生产率 [J]. 管理世界, 2009, (8): 65 –72.

[11] 范剑勇, 石灵云. 地方化经济与劳动生产率: 来自制造业四位数行业的证据 [J]. 浙江社会科学, 2008, (5): 36 –44.

[12] 方远平,谢蔓. 创新要素的空间分布及其对区域创新产出的影响——基于中国省域的 ESDA - GWR 分析 [J]. 经济地理,2012, 32 (9):8 - 14.

[13] 贺灿飞,肖晓俊. 产业集聚、产业共聚与中国制造业生产率 [J]. 哈尔滨工业大学学报 (社会科学版),2012, 14 (1):111 - 120.

[14] 贺灿飞,谢秀珍,潘峰华. 中国制造业省区分布及其影响因素 [J]. 地理研究,2008, 27 (3):623 - 635.

[15] 贺灿飞,朱彦刚. 中国资源密集型产业地理分布研究——以石油加工业和黑色金属产业为例 [J]. 自然资源学报,2010, (3):488 - 501.

[16] 黄勇. 浙江 "块状经济" 现象分析 [J]. 中国工业经济,1999, (5):58 - 60.

[17] 江静,刘志彪,于明超. 生产者服务业发展与制造业效率提升:基于地区和行业面板数据的经验分析 [J]. 世界经济,2007, (8):52 - 62.

[18] 金祥荣,朱希伟. 专业化产业区的起源与演化——一个历史与理论视角的考察 [J]. 经济研究,2002, (8):74 - 82.

[19] 金煜,陈钊,陆铭. 中国的地区工业集聚:经济地理、新经济地理与经济政策 [J]. 经济研究,2006 (4):79 - 89.

[20] 李小建. 新产业区与经济活动全球化的地理研究 [J]. 地理科学进展,1997, (3):16 - 23.

[21] 里昂惕夫. 投入产出经济学 [M]. 北京:商务印书馆,1980.

[22] 梁琦. 产业集聚论 [M]. 北京:商务印书馆,2004.

[23] 刘钜强,赵永亮. 交通基础设施、市场获得与制造业区位——来自中国的经验数据 [J]. 南开经济研究,2010, (4):123 - 138.

[24] 刘长全. 不完全竞争框架下的产业集聚理论——新经济地理理论研究综述 [J]. 世界经济情况,2009, (12):75 - 82.

[25] 路江涌,陶志刚. 我国制造业区域集聚程度决定因素的研究 [J]. 经济学 (季刊),2007, 6 (3):801 - 816.

[26] 路江涌,陶志刚. 中国制造业区域聚集及国际比较 [J]. 经济研究,2006, (3):103 - 114.

[27] 吕卫国,陈雯. 制造业企业区位选择与南京城市空间重构 [J]. 地理学报,2009, 64 (2):142 - 152.

[28] 马国霞，石敏俊，李娜．中国制造业产业间集聚度及产业间集聚机制 [J]．管理世界，2007，（8）：58 – 72.

[29] 毛琦梁，董锁成，王菲，等．中国省区间制造业空间格局演变 [J]．地理学报，2013，68（4）：435 – 448.

[30] 彭红英．分销业——制造业协同集聚及其出口溢出效应：机理与实证 [D]．浙江大学，2015.

[31] 仇保兴．小企业集群研究 [M]．上海：复旦大学出版社，1999.

[32] 石灵云．产业集聚、外部性与劳动生产率——来自中国制造业四位数行业的证据 [D]．复旦大学，2008.

[33] 石敏俊，杨晶，龙文，等．中国制造业分布的地理变迁与驱动因素 [J]．地理研究，2013，23（9）：1708 – 1720.

[34] 宋伟．产业集聚理论研究评析 [J]．产业与科技论坛，2009，8（8）：20 – 24.

[35] 童昕，王缉慈．东莞 PC 相关制造业地方产业群的发展演变 [J]．地理学报，2001，56（6）：722 – 729.

[36] 童昕，王缉慈．全球化与本地化：透视我国个人计算机相关产业群的空间演变 [J]．经济地理，2002，22（6）：697 – 705.

[37] 王德利，方创琳．中国跨区域产业分工与联动特征 [J]．地理研究，2010，29（8）：1392 – 1406.

[38] 王缉慈．创新的空间——企业集群与区域发展 [M]．北京：北京大学出版社，2001.

[39] 王业强，魏后凯．产业特征、空间竞争与制造业地理集中——来自中国的经验证据 [J]．管理世界，2007，（4）：68 – 77.

[40] 魏后凯．中国区域基础设施与制造业发展差异 [J]．管理世界，2001，（6）：72 – 81.

[41] 文玫．中国工业在区域上的重新定位与集聚 [J]．经济研究，2004，（2）：84 – 94.

[42] 吴建峰，符育明．经济集聚中马歇尔外部性的识别——基于中国制造业数据的研究 [J]．经济学（季刊），2012，11（2）：675 – 690.

[43] 吴学花．中国产业集聚分析——以制造业为例 [D]．山东大学，2006.

[44] 席强敏．外部性对生产性服务业与制造业协同集聚的影响——以天

津市为例 [J]. 城市问题, 2014, (10): 53 - 59.

[45] 向世聪. 产业集聚理论研究综述 [J]. 湖南社会科学, 2006, (1): 92 - 98.

[46] 徐强. 产业集聚因何而生——中国产业集聚形成机理与发展对策研究 [M]. 杭州: 浙江大学出版社, 2004.

[47] 尹希果, 刘培森. 中国制造业集聚影响因素研究——兼论城镇规模、交通运输与制造业集聚的非线性关系 [J]. 经济地理, 2013, 33 (12): 97 - 103.

[48] 俞路. 中国制造行业共同集聚水平变动趋势与特征研究 [J]. 工业技术经济, 2011, (2): 62 - 66.

[49] 张华, 梁进社. 产业空间集聚及其效应的研究进展 [J]. 2007, 26 (2): 14 - 24.

[50] 张卉. 产业分布、产业集聚和地区经济增长: 来自中国制造业的证据 [D]. 复旦大学, 2007.

[51] 张同升, 梁进社, 宋金平. 中国制造业省区间分布的集中与分散研究 [J]. 经济地理, 2005, 25 (3): 315 - 319.

[52] 赵放. 制造业与物流业的空间协同集聚及其增长效应研究 [D]. 南开大学, 2012.

[53] 赵曌, 石敏俊, 杨晶. 市场邻近、供给邻近与中国制造业空间分布——基于中国省区间投入产出模型的分析 [J]. 经济学 (季刊), 2012, 11 (3): 1059 - 1077.

[54] Alfred Marshall Principles of Economics [M]. London: Macmillan Press, 1890.

[55] Alfred Weber, Theory of the Location of Industries [M]. Chicago: Chicago Press, 1909.

[56] Almeida P., Kogut B., Localization of Knowledge and the Mobility of Engineers in Regional Networks [J]. Management Science, 1999, 45 (7): 905 - 916.

[57] Amiti M., Location of Vertically Linked Industries: Agglomeration Versus Comparative Advantage [J]. European Economic Review, 2005, 49 (4): 809 - 832.

［58］ Andersson. , Co-location of Manufacturing and Producer Services-a Simul-
taneous Equation Approach ［EB/OL］. CESIS Electronic Working Paper
08, 2004.

［59］ Anselin L. , Florax J. , Rey S. , Advances in Spatial Econometrics: Meth-
odology, Tools and Applications ［M］. Berlin: Springer-Verlag, 2004.

［60］ Anselin L. , Spatial Econometrics: Methods and Models ［M］. The Neth-
erlands: Kluwer Academic Publishers, Dordrecht, 1988.

［61］ Arrow K. J. , The Economic Implications of Learning by Doing ［J］. Re-
view of Economic Studies, 1962, 29: 155 – 173.

［62］ Arthur W. B. , Self-reinforcing Mechanisms in Economics ［J］. The Econ-
omy as an Evolving Complex System, 1988, 5: 9 – 31.

［63］ Audretsch D. B. , Feldman M. P. , R&D Spillovers and the Geography of
Innovation and Production ［J］. The American Economic Review, 1996,
86 (3): 630 – 640.

［64］ A. J. Scott, Flexible Production Systems and Regional Development: The
Rise of New Industrial Spaces in North America and Western Europe ［J］.
International Journal of Urban and Regional Research, 1988, 12 (2):
171 – 186.

［65］ A. J. Venables, Equilibrium Locations of Vertically Linked Industries ［J］.
International Economic Review, 1996, 37 (2): 341 – 359.

［66］ Baldwin R. , Agglomeration and Endogenous Capital ［J］. European Eco-
nomic Review, 1999, 43 (2): 253 – 280.

［67］ Baldwin R. , Forslid R. , The Core-Periphery Model and Endogenous
Growth: Stabilizing and Destabilizing Integration ［J］. Economica, 2000,
67: 307 – 324.

［68］ Baldwin R. , Martin P. , Agglomeration and Regional Growth ［M］.
Handbook of Regional and Urban Economics, 2004, 1 (4): 2671 – 2711.

［69］ Barrios S. , Bertinelli L. , Strobl E. , Coagglomeration and Growth ［EB/
OL］. CEPR Discussion Paper 3969, 2003.

［70］ Barrios S. , Bertinelli L. , Strobl E. , Coagglomeration and Spillovers ［J］.
Regional Science and Urban Economics, 2006, 36: 467 – 481.

［71］ Barrios S. , Bertinelli L. , Strobl E. , et al. , Agglomeration Economies and the Location of Industries: A Comparison of Three Small European countries ［EB/OL］. CORE Discussion Paper 67 , 2003.

［72］ Bertil Ohlin, Interregional and International Trade ［M］. Cambridge: Harvard University Press, 1935.

［73］ Braunerhjelm P. , Borgman B. , Agglomeration, Diversity and Regional Growth: The Effects of Poly-industrial Versus Mono-industrial Agglomerations ［EB/OL］. CESIS Electronic Working Paper 71 , 2006.

［74］ Braunerhjelm P. , Borgman B. , Geographical Concentration, Entrepreneurship and Regional Growth: Evidence from Regional Data in Sweden, 1975 – 99 ［J］. Regional Studies, 2004 , 38 （8）: 929 – 947.

［75］ Brunsdon C. , Fotheringham S. , Charlton M. , Geographically Weighted Regression: A Method for Exploring Spatial Nonstationarity ［J］. Geographical Analysis, 1996 , 28 （4）: 281 – 298.

［76］ Brülhart M. , Trionfetti F. , Industrial Specialization and Public Procurement: Theory and Empirical Evidence ［J］. CEP Working Paper 974 , 1998.

［77］ Canfei He, Junsong Wang. , Geographical Agglomeration and Co-agglomeration of Foreign and Domestic Enterprises: A Case Study of Chinese Manufacturing Industries ［J］. Post-Communist Economies, 2010 , 22 （3）: 323 – 343.

［78］ Clancy P. , Malley E. , Connell L. , et al. , Industry Clusters in Ireland: An Application of Porter. s Model of National Competitive Advantage to Three Sectors ［J］. European Planning Studies, 2001 , 9 （1）: 7 – 28.

［79］ Davies S. , Lyon B. , Industrial Organization in the European Union: Strueture, Strategy and the Competitive Mechanism ［J］. Oxford: Oxford University Press, 1996.

［80］ Devereux M. , Griffith R. , Simpson H. , The Geographic Distribution of Production Activity in the UK ［J］. Regional Science and Urban Economics, 2004 （34）: 533 – 564.

［81］ Dixit A. K. , Stiglitz J. E. , Monopolistic Competition and Optimum Product Diversity [J]. American Economic Review, 1977, 67: 297 - 308.

[82] Dmurger S., Jeffrey D. S., Wing T. W., et al., Geography, Economic Policy and Regional Development in China [J]. Asian Economic Papers, 2002, 1 (1): 146 - 197.

[83] Dohse D., Sven-Christian Steude. Concentration, Coagglomeration and Spillovers: The Geography of New Market Firms in Germany [C]. 43rd European Congress of the Regional Science Association, 2003.

[84] Duranton G., Overman H., Agglomeration and the Adjustment of the Spatial Eeonomy [J]. Papers in Regional Science, 2005, 84 (3): 311 - 349.

[85] Duranton G., Overman H., Testing for Loealization Using Micro-Geographic Data [J]. Review of Eeonomic Studies, 2002, 72 (4): 1077 - 1106.

[86] Duranton G., Puga D., Micro-foundations of Urban Agglomeration Economies [J]. Handbook of Regional and Urban Economics, 2004, 4: 2063 - 2117.

[87] Ellison G., Glaeser E., Geographic Concentration in U. S. Manufacturing Industries: A Dartboard Approach [J]. Journal of Political Economy, 1997, 105 (5): 889 - 927.

[88] Ellison G., Glaeser E., Kerr W., What Causes Industry Agglomeration? Evidence from Coagglomeration pattern [EB/OL]. NBER Working Paper 13068, 2007.

[89] Ellison G., Glaeser E., The Geographic Concentration of Industry: Does Natural Advantage Explain Agglomeration [J]. American Economic Review, American Economic Association, 1999, 89 (2): 311 - 316.

[90] E. M. Hoover, Location Theory and the Shoe and the Leather Industries [M]. Cambridge: Harvard University Press, 1937.

[91] E. M. Hoover, The Location of Economic Activity [M]. New York: McGraw Hill, 1948.

[92] E. M. Hoover, The Measurement of Industrial Localization [J]. Review of Economics and Statistics, 1936, 18 (4): 162 - 171.

[93] Feldman M., Feller I., Bercovitz J., et al., University-technology Transfer and the System of Innovation [J]. In Feldman M, Massard N (eds.) . In-

stitutions and Systems in the Geography of Innovation: Economics of Science, Technology, and Innovation. Boston, MA: Kluwer Academic Publishers, 2002.

[94] Feldman M. , The New Economics of Innovation, Spillovers and Agglomeration: A Review of Empirical Studies [J]. Economics of Innovation & New Technology, 1999, 8: 5 – 25.

[95] Forni M. , Paba S. , Spillovers and the Growth of Local Industries. The Journal of Industrial Economics, 2002, 50 (6): 151 – 171.

[96] Forslid R. , Ottaviano G. I. P. , An Analytically Solvable Core-periphery Model [J]. Journal of Economic Geography, 2003, (3): 229 – 240.

[97] Fujita M. , Jacques-Francois T. , Economics of Agglomeration [J]. Journal of the Japanese and International Economies, 1996, 10 (4): 339 – 378.

[98] Fujita M. , Krugman P. , Venables A. , The Spatial Economy: Cities, Regions, and International Trade [M]. Cambridge, MA: MIT Press, 1999.

[99] Gallagher R. , Shipping Costs, Information Costs, and the Sources of Industrial Coagglomeration [J] . Journal of Regional Science, 2013, 53 (2): 304 – 331.

[100] Glaeser E. , Gottlieb J. , The Wealth of Cities: Agglomeration Economies and Spatial Equilibrium in the United States [J]. Journal of Economic Literature, 2009, 47 (4): 983 – 1028.

[101] Grabher G. , The Embedded Firm: On The Socioeconomic of Industrial Networks [M]. 1993.

[102] Guimaraes P. , Figueiredo O. , Agglomeration and the Location of Foreign Direct Investment in Portugal [J]. Journal of Urban Economics, 2000, 47 (1): 115 – 135.

[103] Hanson G. H. , Market Potential, Increasing Returns, and Geographic Concentration [EB/OL]. NBER Working Paper 6429, 1998.

[104] Harrison B. Industrial District: Old Wine in New Bottles [J]. Regional Studies, 1992, 26 (4): 49 – 483.

[105] Head K. , Mayer T. , The Empirics of Agglomeration and Trade [J]. Handbook of Regional and Urban Economics, 2004, 4 (59): 2609 – 2669.

[106] Head K. , Ries J. , Inter-city Competition for Foreign Investment: Static and Dynamic Effects of China's Incentives Areas [J]. Journal of Urban Economics, 1996, 40 (1): 38 – 60.

[107] Heckscher E. F. , The Effect of Foreign Trade on the Distribution of Income [J]. Ekonomisk Tidskrift, 1919, 21.

[108] Helpman E. , Krugman P. , Market Structure and Foreign Trade: Increasing Returns, Imperfect Competition, and the International Economy [M]. Cambridge, MA: MIT press, 1985.

[109] Helsley R. , Strange W. , Coagglomeration and the Scale and Composition of Clusters [J]. Unpublished Manuscript, 2012.

[110] Helsley R. W. , Strange W. C. , Matching and Agglomeration Economies in a System of Cities [J]. Regional Science and Urban Economics, 1990, 20 (2): 189 – 212.

[111] Henderson V. Marshall's Scale Economies [J]. Journal of Urban Economics, 2003, 53: 1 – 28.

[112] Henderson V. , Externalities and Industrial Development [J]. Journal of Urban Economics, 1997, 42: 449 – 470.

[113] Henderson V. , Kuncoro A. , Turner M. , Industrial Development in Cities [J]. Journal of Political Economy, 1995, 103: 1067 – 1090.

[114] Herruzo C. , Diaz-Balteiro L. , Calvo X. , A Measure of Geographic Concentration in Spain's Wood Industry [J]. Forest Products Journal, 2008, 58 (5): 54 – 60.

[115] Holmes T. J. , Localization of Industry and Vertical Disintegration [J]. Review of Economics and Statistics, 1999, 81 (2): 314 – 325.

[116] Ishiguro Y. , A Consideration of the 'No-black-hole' Condition [J]. The Annals of Regional Science, 2005, 39: 25 – 34.

[117] Jacobs J. , The Economy of Cities [M]. New York: Random House, 1969.

[118] Jacobs W. , Koster H. , Oort F. , Co-agglomeration of Knowledge-intensive Business Services and Multinational Enterprises [J]. Journal of Economic Geography, 2013, (8): 1 – 33.

[119] James P. , Kelly R. , Spatial Econometric Models [M]. Berlin: Springer-Verlag Press, 2010.

[120] Kaldor N. , Further Essays on Economic Theory [M]. London: Duckworth, 1978.

[121] Kanbur R. , Xiaobo Zhang. , Fifty Years of Regional Inequality in China: A Journey through Central Planning, Reform and Openness [J]. Review of Development Economics, 2005, 9: 87 – 106.

[122] Karl A. , Michael P. , The Single Market and Geography Concentration in Europe [J]. Review of International Economics, 2004, 12 (1): 1 – 15.

[123] Ke S. , He M. , Yuan C. , Synergy and Co-agglomeration of Producer Services and Manufacturing: A Panel Data Analysis of Chinese Cities [J]. Regional Studies, 2014, 48 (11): 1829 – 1841.

[124] Kim S. , Expansion of Markets and the Geographic Distribution of Economic Activities: The Trends in U. S. Regional Manufacturing Structure, 1860 – 1987 [J]. Quarterly Journal of Economics, 1995 (110): 881 – 908.

[125] Kim S. , Regions, Resources, and Economic Geography, Sources of U. S. Regional Comparative Advantage, 1880 – 19870 [J]. Regional Science and Urban Economics, 1999, 29 (1): 1 – 32.

[126] Kolko J. , Agglomeration and Co-agglomeration of Services Industries [EB/OL]. MPRA Working Paper, 2007.

[127] Krenz A. , Services Sector Agglomeration and Its Interdependence with Industrial Agglomeration in the European Union [EB/OL]. CEGE Discussion Paper, 2010.

[128] Losch A. , The Economics of Location [M]. New Haven, CT: Yale University Press, 1939.

[129] Lucas R. E. , On the Mechanics of Economic Development [J]. Journal of Monetary Eeonomics, 1988, 22: 3 – 24.

[130] Mano Y. , Otsuka K. , Agglomeration Economies and Geographical Concentration of Industries: A Case Study of Manufacturing Sectors in Postwar Japan [J]. Journal of the Japanese and International Economies,

2000, 14 (3): 189 - 203.

[131] Mariotti S. , Piscitello L. , Information Costs and Location of Foreign Direct Investments within the Host Country: Empirical Evidence from Italy [J]. Journal of International Business Studies, 1995, 4: 815 - 836.

[132] Martin P. , Ottaviano G. I. P. , Growth and Agglomeration [J]. International Economic Review, 2001, 42 (4): 947 - 968.

[133] Martin P. , Rogers C. , Industrial Location and Public Infrastructure [J]. Journal of International Economics, 1995, 39: 335 - 351.

[134] Maurel F. , Sedillot B. , A Measure of the Geographic Concentration in French Manufacturing Industries [J]. Regional Science and urban Economics, 1999, 29 (5): 575 - 604.

[135] Myrdal G. , Economic Theory and Underdeveloped RegionsIM]. London: Duckworth, 1957.

[136] M. Porter, Cluster and the New Economics of Competition [J]. Harvard Business Review, 1998.

[137] M. Porter, The Competitive Advantage of Nations [M]. New York: Basic House, 1990.

[138] Ottaviano G. I. P, Robert-Nicoud F. , The 'Genome' of NEG Models with Input-output Linkages: A Positive and Normative Synthesis [EB/OL]. CEPR Discussion Paper, 2004.

[139] Ottaviano G. I. P, Tabuchi T, Thisse J. F. , Agglomeration and Trade Revisited [J]. International Economic Review, 2002, 43: 409 - 436.

[140] Perroux F. Prise De Vues Sur La Croissance De L'économie Française, 1780 - 1950 [J]. Review of Income and Wealth, 1955, 5 (1): 41 - 78.

[141] Piore M. J. , Sabel C. F. , The Second Industrial Divide: Possibilities for Prosperity [M]. Basic Books, 1984.

[142] Puga D. , The Rise and Fall of Regional Inequalities [J]. European Economic Review, 1999, 43 (2): 303 - 334.

[143] P. Krugman, First Nature, Second Nature and Metropolitan Location [J]. Journal of Regional Science, 1993, 33 (2): 129 - 144.

[144] P. Krugman, Geography and Trade [M]. Cambridge, MA: MIT

Press, 1991a.

[145] P. Krugman, Increasing Returns and Economic Geography [J]. Journal of Political Economy, 1991b, 99 (3): 484 – 499.

[146] P. Krugman, Livas Elizondo R. Trade Policy and Third World Metropolis [J]. Journal of Development Economics, 1996, 49 (1): 137 – 150.

[147] P. Krugman, Scale Economies, Product Differentiation, and the Pattern of Trade [J]. American Economic Review, 1980, 70 (5): 950 – 959.

[148] P. Krugman, Venables A. J., Globalization and the Inequality of Nations [J]. Quarterly Joural of Economics, 1995, 110 (4): 857 – 880.

[149] P. Krugman, Venables A. J., Integration and the Competitiveness of Peripheral Industry [EB/OL]. CEPR Discussion Paper 363, 1990.

[150] Redding S., Venables A. J., Economic Geography and International Inequality [J]. Journal of International Economics, 2004, 62: 53 – 82.

[151] Ricardo D., On the Principles of Political Economy and Taxation [M]. London: London Press, 1817.

[152] Robert-Nicoud F., A Simple Model of Agglomeration with Vertical Linkages and Perfect Capital Mobility [D]. Chapter 1 in New Economic Geography: Welfare, Multiple Equilibria and Political Economy, London School of Economics, 2002.

[153] Rosenthal S. S., Strange W. C., Evidence on the Nature and Sources of Agglomeration Economies [J]. Handbook of Regional and Urban Economics, 2004, 4: 2119 – 2171.

[154] Rusche K., Kies U., Schulte A., Measuring Spatial Co-agglomeration Patterns by Extending ESDA Techniques [J]. Jahrbuch für Regionalwissenschaft, 2011, 31 (1): 11 – 25.

[155] Schmutzler A., The New Economic Geography [J]. Journal of Economic Sruveys, 1999, 13 (4): 355 – 379.

[156] Scitovsky T., Two Concept of External Economies [J]. Journal of Political Economy, 1954, 62: 70 – 82.

[157] Smith D. F., Florida R., Agglomeration and Industrial Location: An Econometric Analysis of Japanese Affiliated Manufacturing Establishments

in Automotive-Related Industries [J]. Journal of Urban Economics, 1994, 36: 23 – 41.

[158] Storper M. , The Transition to Flexible Specialization in Industry: External Economies, the Division of Labor and the Crossing of Industrial Divides [J]. Cambridge Journal of Economics, 1989, (13): 273 – 305.

[159] Tokunaga S. , Kageyama M. , Impacts of Agglomeration and Co-agglomeration Effects on Production in the Japanese Manufacturing Industry: Using Flexible Translog Production Function [J]. Studies in Regional Science, 2008, 38 (2): 331 – 337.

[160] Viner J. , Cost Curves and Supply Curves [J]. Zeitschrift Für National Konomie, 1931, (3): 23 – 46.

[161] Wolf H. C. , Patterns of Intra-and Inter-State Trade [EB/OL]. NBER Working Paper 5939, 1997

[162] W. Isard, Location and Space Economy [M]. New York: John Wiley, 1956.

| 附录 Ⅰ |

2003 年中国各地级市产业间协同集聚状况

省区	地级市	城市规模等级	产业组合总数	存在产业间协同集聚的产业组合数	产业间协同集聚指数最大的产业组合		产业间协同集聚水平	l-l 个数	l-k 个数	l-t 个数	k-k 个数	k-t 个数	t-t 个数	城市产业间协同集聚类型
北京市	北京市	超大城市	120	97	m6-m7	k-t	0.045051	15	25	24	9	18	6	混合型
天津市	天津市	特大城市	120	86	m1-m14	l-t	0.035116	13	21	16	9	21	6	技术-技术型
河北省	石家庄市	Ⅱ型大城市	120	72	m6-m14	k-t	0.062351	8	20	15	8	17	4	资本-技术型
	唐山市	Ⅱ型大城市	120	64	m11-m15	k-k	0.053363	6	15	14	10	16	3	混合型
	秦皇岛市	中等城市	105	94	m3-m15	l-k	0.407509	11	33	20	15	24	6	混合型
	邯郸市	Ⅱ型大城市	120	35	m14-m15	k-t	0.138353	4	6	6	9	8	2	资本-资本型
	邢台市	中等城市	120	47	m13-m14	t-t	0.109799	5	9	13	7	9	4	技术-技术型
	保定市	Ⅱ型大城市	120	78	m13-m14	t-t	0.07713	9	21	16	7	19	6	技术-技术型

续表

省区	地级市	城市规模等级	产业组合总数	存在产业间协同集聚的产业组合数	产业间协同集聚指数最大的产业组合		产业间协同集聚水平	l-l 个数	l-k 个数	l-t 个数	k-k 个数	k-t 个数	t-t 个数	城市产业间协同集聚类型
河北省	张家口市	中等城市	91	64	k-k	m9-m15	0.160085	8	25	20	14	20	6	技术-技术型
	承德市	中等城市	105	43	k-t	m14-m15	0.200457	1	17	7	9	18	6	技术-技术型
	沧州市	I 型小城市	120	48	l-k	m4-m15	0.089791	6	12	8	5	13	4	技术-技术型
	廊坊市	I 型小城市	120	83	k-k	m6-m15	0.154829	10	22	16	10	20	5	混合型
	衡水市	I 型小城市	105	55	k-t	m13-m15	0.064356	8	22	10	12	16	2	资本-资本型
山西省	大原市	I 型大城市	120	56	k-t	m13-m15	0.141164	7	13	15	6	10	5	技术-技术型
	大同市	II 型大城市	120	64	l-k	m2-m15	0.384245	7	17	17	5	12	6	技术-技术型
	阳泉市	中等城市	91	50	l-t	m1-m13	0.388108	12	26	18	7	13	3	劳动-劳动型
	长治市	中等城市	66	29	t-t	m12-m13	0.269419	15	21	21	6	14	6	混合型
	晋城市	I 型小城市	66	35	l-k	m2-m15	0.226347	14	28	21	6	16	4	劳动-劳动型
	朔州市	I 型小城市	28	11	l-k	m5-m6	0.260052	13	28	24	9	23	6	混合型
	晋中市	I 型小城市	66	43	k-t	m11-m13	0.163743	15	31	24	5	16	6	混合型
	运城市	I 型小城市	78	25	l-k	m5-m10	0.138352	6	16	15	11	15	4	资本-资本型
	忻州市	I 型小城市	45	32	k-t	m10-m12	0.151532	15	35	20	11	20	6	混合型
	临汾市	I 型小城市	55	46	t-t	m12-m13	0.123451	15	33	24	12	21	6	混合型
	吕梁市	I 型小城市	55	19	t-t	m12-m13	0.209279	12	26	16	11	15	4	劳动-劳动型

续表

省区	地级市	城市规模等级	产业组合总数	存在产业间协同集聚的产业组合数	产业间协同集聚省数最大的产业组合		产业间协同集聚水平	l-l 个数	l-k 个数	l-t 个数	k-k 个数	k-t 个数	t-t 个数	城市产业间协同集聚类型
内蒙古自治区	呼和浩特市	II型大城市	120	56	l-k	m6-m16	0.265611	11	10	12	5	14	4	劳动-劳动型
	包头市	II型大城市	118	71	l-k	m15-m16	0.114418	11	15	15	9	19	4	资本-技术型
	乌海市	I型小城市	36	15	l-k	m5-m11	0.208303	14	27	22	13	18	5	劳动-劳动型
	赤峰市	中等城市	78	52	l-l	m3-m5	0.319481	8	29	14	15	24	4	混合型
	通辽市	I型小城市	55	38	l-l	m2-m5	0.66006	12	34	18	15	20	4	资本-资本型
	鄂尔多斯市	中等城市	91	38	l-t	m5-m14	0.278262	11	18	14	11	12	1	混合型
	呼伦贝尔市	I型小城市	110	72	k-t	m10-m13	0.164798	6	20	21	10	21	4	混合型
	巴彦淖尔市	I型小城市	106	73	k-t	m9-m13	0.169021	6	27	20	12	16	6	技术-技术型
	乌兰察布市	I型小城市	78	24	k-t	m10-m12	0.308598	7	16	16	7	14	6	技术-技术型
辽宁省	沈阳市	特大城市	120	100	l-t	m3-m14	0.070949	13	30	19	12	21	6	资本-技术型
	大连市	I型大城市	120	117	k-k	m13-m15	0.150801	15	35	22	15	24	6	混合型
	鞍山市	II型大城市	105	54	k-t	m6-m9	0.112677	8	18	15	7	17	4	资本-技术型
	抚顺市	II型大城市	105	56	l-t	m14-m15	0.190135	11	22	17	5	13	3	劳动-劳动型
	本溪市	中等城市	91	44	k-t	m14-m15	0.156303	8	23	15	9	14	4	技术-技术型
	丹东市	中等城市	105	64	l-t	m6-m14	0.13262	13	26	13	10	14	3	劳动-劳动型
	锦州市	中等城市	120	59	l-k	m5-m15	0.120457	3	15	10	9	17	5	技术-技术型
	营口市	中等城市	120	50	k-t	m14-m15	0.104184	9	10	9	5	12	5	技术-技术型

续表

省区	地级市	城市规模等级	产业组合总数	存在产业间协同集聚的产业组合数	产业间协同集聚省数最大的产业组合		产业间协同集聚水平	l-l 个数	l-k 个数	l-t 个数	k-k 个数	k-t 个数	t-t 个数	城市产业间协同集聚类型
辽宁省	阜新市	中等城市	105	61	m12-m14	t-t	0.289165	6	23	17	7	17	6	技术-技术型
	辽阳市	中等城市	120	50	m15-m16	l-k	0.227689	4	15	12	6	10	3	混合型
	盘锦市	中等城市	78	39	m9-m13	k-k	0.361075	11	17	16	15	18	4	资本-资本型
	铁岭市	I 型小城市	105	74	m3-m6	l-l	0.343707	9	27	16	11	20	6	技术-技术型
	朝阳市	I 型小城市	105	45	m4-m16	l-l	0.301072	7	18	6	8	16	5	技术-技术型
	葫芦岛市	中等城市	78	35	m6-m10	k-k	0.280684	11	17	14	15	16	4	资本-资本型
吉林省	长春市	I 型大城市	105	58	m14-m15	k-t	0.082682	11	21	17	6	14	4	劳动-劳动型
	吉林市	II 型大城市	105	48	m13-m14	t-t	0.158127	10	16	10	8	15	4	混合型
	四平市	I 型小城市	91	42	m4-m16	l-l	0.138906	9	23	13	9	14	3	劳动-资本型
	辽源市	I 型小城市	91	44	m3-m6	l-l	0.21569	7	21	16	9	16	4	混合型
	通化市	I 型小城市	66	23	m10-m16	l-k	0.292763	9	24	15	11	14	4	资本-资本型
	白山市	I 型小城市	55	34	m3-m5	l-l	0.343942	9	28	19	15	22	6	混合型
	松原市	I 型小城市	55	16	m6-m12	l-l	0.291099	11	25	14	11	17	3	混合型
	白城市	I 型小城市	78	33	m6-m10	k-k	0.163013	8	20	16	11	16	4	资本-资本型
黑龙江省	哈尔滨市	I 型大城市	120	63	m6-m14	k-t	0.077188	10	15	14	7	15	2	劳动-劳动型
	齐齐哈尔市	II 型大城市	78	51	m9-m10	k-t	0.15491	15	25	18	15	16	4	劳动-劳动型
	鸡西市	中等城市	78	44	m10-m12	k-t	0.257552	12	23	17	11	19	4	劳动-劳动型
	鹤岗市	中等城市	10	3	m5-m9	l-k	0.306936	14	34	23	14	22	6	技术-技术型

续表

省区	地级市	城市规模等级	产业组合总数	存在产业间协同集聚的产业组合数	产业间协同集聚指数最大的产业组合		产业间协同集聚水平	l-l 个数	l-k 个数	l-t 个数	k-k 个数	k-t 个数	t-t 个数	城市产业间协同集聚类型
黑龙江省	双鸭山市	I型小城市	28	10	m6-m9	k-k	0.284278	15	30	22	11	19	5	劳动-劳动型
	大庆市	II型大城市	105	68	m13-m14	t-t	0.153206	10	16	16	15	21	5	资本-资本型
	伊春市	中等城市	36	11	m11-m16	l-k	0.108923	9	23	22	13	22	6	技术-技术型
	佳木斯市	中等城市	66	33	m2-m9	l-k	0.177253	13	28	18	11	13	4	劳动-劳动型
	七台河市	I型小城市	45	36	m10-m11	k-k	0.269796	14	32	23	13	23	6	技术-技术型
	牡丹江市	中等城市	105	40	m6-m14	k-t	0.176869	10	16	13	5	7	4	混合型
	黑河市	II型小城市	21	11	m7-m11	k-t	0.171524	13	33	20	15	23	6	混合型
	绥化市	I型小城市	66	46	m12-m15	k-t	0.180747	13	28	21	13	20	5	劳动-技术型
上海市	上海市	超大城市	120	117	m14-m15	k-t	0.046095	14	35	23	15	24	6	混合型
江苏省	南京市	特大城市	120	88	m6-m14	k-k	0.061211	14	28	15	10	17	4	劳动-劳动型
	无锡市	II型大城市	120	88	m4-m14	l-t	0.064094	10	27	17	11	19	4	资本-技术型
	徐州市	II型大城市	120	46	m4-m6	l-k	0.065576	8	14	8	4	9	3	劳动-劳动型
	常州市	II型大城市	120	99	m9-m14	k-t	0.082132	13	30	18	12	22	4	资本-技术型
	苏州市	II型大城市	120	96	m1-m9	l-k	0.059416	13	30	18	13	17	5	混合型
	南通市	II型大城市	120	64	m7-m12	t-t	0.042414	10	15	19	9	7	4	劳动-技术型
	连云港市	中等城市	105	46	m6-m9	k-k	0.11142	7	21	6	10	14	3	资本-资本型
	淮安市	II型大城市	120	60	m6-m9	k-k	0.106541	11	14	13	5	12	5	技术-技术型
	盐城市	中等城市	120	60	m6-m9	k-k	0.106541	11	14	13	5	12	5	技术-技术型

续表

省区	地级市	城市规模等级	产业组合总数	存在产业间协同集聚的产业组合数	产业间协同集聚指数最大的产业组合		产业间协同集聚水平	l-l 个数	l-k 个数	l-t 个数	k-k 个数	k-t 个数	t-t 个数	城市产业间协同集聚类型
安徽省	淮南市	中等城市	55	28	m7-m9	k-t	0.118552	11	30	18	11	19	4	劳动-资本型
	马鞍山市	中等城市	105	50	m3-m5	l-l	0.254341	6	24	10	11	12	2	资本-资本型
	淮北市	中等城市	66	24	m5-m14	l-t	0.271668	13	23	21	5	11	5	劳动-技术型
	铜陵市	I型小城市	105	35	m4-m6	l-k	0.444839	3	16	10	8	11	2	资本-资本型
	安庆市	I型小城市	120	50	m6-m15	k-k	0.110998	6	17	8	7	8	4	技术-技术型
	黄山市	I型小城市	91	35	m10-m15	k-k	0.167885	9	22	10	8	12	3	劳动-资本型
	滁州市	I型小城市	117	62	m9-m15	k-k	0.033541	5	20	13	10	13	4	资本-资本型
	阜阳市	中等城市	91	51	m2-m12	l-t	0.097106	7	22	18	9	18	6	技术-技术型
	宿州市	I型小城市	45	21	m11-m12	k-t	0.19308	9	27	21	12	21	6	技术-技术型
	巢湖市	I型小城市	105	35	m3-m13	l-l	0.185662	8	13	9	8	11	1	混合型
	六安市	I型小城市	91	50	m12-m14	t-t	0.096	7	26	13	12	17	4	资本-资本型
	亳州市	I型小城市	66	34	m5-m12	l-t	0.136317	7	28	16	13	20	4	资本-资本型
	池州市	I型小城市	91	49	m10-m13	k-t	0.23712	5	22	17	11	18	5	技术-技术型
	宣城市	I型小城市	91	33	m7-m8	k-t	0.124364	7	19	11	7	14	4	技术-技术型
福建省	福州市	II型大城市	120	80	m6-m12	k-t	0.066508	13	24	18	7	15	3	劳动-劳动型
	厦门市	II型大城市	120	77	m12-m14	t-t	0.087797	11	22	14	7	20	3	资本-技术型
	莆田市	中等城市	105	65	m10-m15	k-k	0.139326	8	27	15	9	18	3	混合型
	三明市	I型小城市	120	64	m6-m9	k-k	0.168994	9	19	11	11	10	4	资本-资本型

续表

省区	地级市	城市规模等级	产业组合总数	存在产业间协同集聚的产业组合数	产业间协同集聚指数最大的产业组合	产业间协同集聚水平	l-l 个数	l-k 个数	l-t 个数	k-k 个数	k-t 个数	t-t 个数	城市产业间协同集聚类型
福建省	泉州市	Ⅱ型大城市	120	89	l-l, m2－m3	0.081891	15	28	20	8	13	5	劳动－劳动型
	漳州市	中等城市	105	75	k-t, m10－m13	0.089332	11	26	17	14	18	4	资本－资本型
	南平市	Ⅰ型小城市	105	84	k-t, m9－m13	0.164769	11	25	20	13	24	6	混合型
	龙岩市	Ⅰ型小城市	105	69	k-k, m6－m11	0.332652	7	28	12	15	19	3	资本－资本型
	宁德市	Ⅰ型小城市	105	39	k-t, m11－m13	0.138262	8	19	8	7	10	2	混合型
江西省	南昌市	Ⅱ型大城市	120	83	l-k, m4－m15	0.211681	10	26	17	10	17	3	资本－资本型
	景德镇市	Ⅰ型小城市	91	37	k-k, m6－m15	0.244438	12	24	14	4	9	3	劳动－劳动型
	萍乡市	Ⅰ型小城市	66	33	l-t, m4－m12	0.400481	11	22	20	11	17	6	劳动－劳动型
	九江市	中等城市	120	59	k-t, m6－m13	0.12596	9	12	8	10	17	4	技术－技术型
	新余市	Ⅰ型小城市	66	39	l-k, m9－m10	0.19637	15	32	16	11	15	4	资本－资本型
	鹰潭市	Ⅱ型大城市	78	21	l-k, m10－m16	0.372663	9	16	12	7	15	6	劳动－劳动型
	赣州市	中等城市	120	90	k-t, m6－m14	0.222129	8	26	19	11	20	2	技术－技术型
	吉安市	Ⅰ型小城市	120	41	k-t, m6－m14	0.123137	6	11	10	4	8	5	劳动－劳动型
	宜春市	Ⅰ型小城市	120	40	k-k, m10－m14	0.141645	4	11	8	2	10	3	技术－技术型
	抚州市	Ⅰ型小城市	120	74	l-t, m6－m9	0.20306	8	24	16	9	14	4	混合型
	上饶市	Ⅰ型小城市	120	57	l-t, m3－m14	0.235264	7	12	12	10	12		混合型

续表

省区	地级市	城市规模等级	产业组合总数	存在产业间协同集聚的产业组合数	产业间协同集聚指数最大的产业组合		产业间协同集聚水平	l-l 个数	l-k 个数	l-t 个数	k-k 个数	k-t 个数	t-t 个数	城市产业间协同集聚类型
山东省	济南市	I 型大城市	120	59	k-t	m6-m14	0.070963	8	14	8	6	17	6	技术-技术型
	青岛市	I 型大城市	120	57	k-k	m6-m9	0.064452	14	24	5	5	6	3	劳动-劳动型
	淄博市	II 型大城市	120	68	k-k	m9-m15	0.097387	8	15	8	10	21	6	技术-技术型
	枣庄市	中等城市	120	93	k-k	m10-m15	0.124835	8	27	15	15	23	5	资本-资本型
	东营市	中等城市	120	69	l-l	m3-m16	0.189494	11	16	12	10	17	3	劳动-劳动型
	烟台市	II 型大城市	120	88	k-t	m6-m14	0.048321	11	25	18	10	19	5	技术-技术型
	潍坊市	II 型大城市	120	65	k-t	m14-m15	0.064995	11	15	13	4	17	5	技术-技术型
	济宁市	中等城市	120	81	k-k	m11-m15	0.158486	10	23	16	9	17	6	技术-技术型
	泰安市	中等城市	120	73	k-t	m6-m14	0.121094	8	20	13	11	17	4	资本-资本型
	威海市	中等城市	120	97	k-k	m6-m9	0.103296	15	28	21	11	17	5	劳动-劳动型
	日照市	中等城市	91	78	l-l	m4-m6	0.306063	15	31	24	11	20	6	混合型
	莱芜市	中等城市	91	78	l-l	m1-m2	0.442034	15	30	24	11	21	6	混合型
	临沂市	II 型大城市	120	60	k-k	m9-m15	0.085611	6	15	10	9	16	4	混合型
	德州市	中等城市	120	55	l-k	m15-m16	0.048034	7	19	11	4	13	1	资本-技术型
	聊城市	中等城市	120	40	l-k	m3-m15	0.129277	4	11	11	3	8	3	技术-技术型
	滨州市	I 型小城市	120	41	k-t	m14-m15	0.184882	6	12	10	6	6	1	劳动-技术型
	菏泽市	I 型小城市	120	36	k-t	m6-m12	0.108212	7	11	9	2	6	1	劳动-劳动型

续表

省区	地级市	城市规模等级	产业组合总数	存在产业间协同集聚的产业组合数	产业间协同集聚指数最大的产业组合	产业间协同集聚水平	l-l 个数	l-k 个数	l-t 个数	k-k 个数	k-t 个数	t-t 个数	城市产业间协同集聚类型
河南省	郑州市	I型大城市	120	74	m2-m15	l-k	0.103027	7	19	14	13	18	3	资本-资本型
	开封市	中等城市	105	62	m14-m16	l-t	0.098936	13	22	10	12	17	3	劳动-劳动型
	洛阳市	II型大城市	105	60	m14-m16	l-t	0.165896	10	17	18	10	16	4	劳动-技术型
	平顶山市	中等城市	91	33	m3-m12	l-t	0.12599	10	19	16	5	8	4	混合型
	安阳市	中等城市	91	39	m10-m12	k-t	0.129486	7	20	12	14	13	2	资本-资本型
	鹤壁市	I型小城市	91	44	m14-m15	k-t	0.133039	14	23	15	5	13	3	劳动-劳动型
	新乡市	中等城市	105	54	m9-m14	k-t	0.084637	12	20	8	10	16	3	劳动-劳动型
	焦作市	中等城市	105	52	m3-m16	l-l	0.076036	9	19	15	6	12	6	技术-技术型
	濮阳市	I型小城市	120	48	m3-m14	l-t	0.301334	4	13	9	6	13	3	资本-资本型
	许昌市	I型小城市	91	52	m9-m14	k-t	0.144739	9	23	10	15	21	3	资本-技术型
	漯河市	中等城市	120	56	m6-m9	k-k	0.213465	6	18	13	7	11	1	劳动-劳动型
	三门峡市	I型小城市	91	62	m2-m13	l-t	0.26993	14	29	20	7	17	4	劳动-劳动型
	南阳市	中等城市	120	66	m14-m15	k-t	0.06788	13	15	11	8	14	5	劳动-技术型
	商丘市	中等城市	91	36	m3-m5	l-l	0.098691	8	19	11	9	13	5	技术-技术型
	信阳市	中等城市	91	38	m11-m15	k-k	0.084351	6	18	13	8	18	4	资本-资本型
	周口市	I型小城市	78	28	m1-m13	l-t	0.060212	5	20	13	11	17	4	资本-技术型
	驻马店市	I型小城市	91	49	m12-m15	k-t	0.136442	6	23	17	8	18	6	技术-技术型

续表

省区	地级市	城市规模等级	产业组合总数	存在产业间协同集聚的产业组合数	产业间协同集聚指数最大的产业组合		产业间协同集聚水平	l-l 个数	l-k 个数	l-t 个数	k-k 个数	k-t 个数	t-t 个数	城市产业间协同集聚类型
湖北省	武汉市	特大城市	120	73	k-k	m6-m9	0.085905	11	17	17	12	10	6	技术-技术型
	黄石市	中等城市	105	53	l-t	m14-m16	0.142595	6	21	13	10	17	1	资本-技术型
	十堰市	中等城市	66	34	k-k	m6-m10	0.207731	11	24	19	9	20	5	混合型
	宜昌市	中等城市	120	57	l-k	m6-m16	0.147516	7	18	9	10	12	1	资本-资本型
	襄樊市	II型大城市	105	54	l-l	m3-m4	0.142104	11	20	8	12	17	1	资本-资本型
	鄂州市	I型小城市	78	56	k-t	m13-m15	0.197526	13	27	21	11	20	6	技术-技术型
	荆门市	I型小城市	105	59	k-t	m6-m14	0.166358	13	26	15	3	12	5	劳动-劳动型
	孝感市	中等城市	105	74	k-t	m6-m12	0.121739	15	29	18	7	16	4	劳动-劳动型
	荆州市	中等城市	105	74	k-t	m6-m12	0.121739	15	29	18	7	16	4	劳动-劳动型
	黄冈市	I型小城市	105	64	t-t	m9-m14	0.073572	12	15	15	13	19	5	资本-资本型
	咸宁市	I型小城市	78	56	l-l	m12-m13	0.140196	15	29	18	13	19	4	劳动-劳动型
	随州市	I型小城市	78	62	l-l	m3-m13	0.278676	14	35	18	15	19	3	资本-资本型
湖南省	长沙市	II型大城市	120	48	t-t	m12-m14	0.092828	7	12	11	6	9	3	技术-技术型
	株洲市	中等城市	120	50	k-k	m14-m15	0.167071	7	9	8	7	15	4	技术-技术型
	湘潭市	中等城市	120	67	k-k	m9-m12	0.238563	5	19	11	9	17	6	技术-技术型
	衡阳市	II型大城市	120	61	l-l	m3-m16	0.111245	14	10	8	8	15	6	技术-技术型
	邵阳市	中等城市	105	53	k-k	m6-m10	0.10565	6	15	13	15	15	4	资本-资本型

续表

省区	地级市	城市规模等级	产业组合总数	存在产业间协同集聚的产业组合数	产业间协同集聚指数最大的产业组合	产业间协同集聚水平	l-l 个数	l-k 个数	l-t 个数	k-k 个数	k-t 个数	t-t 个数	城市产业间协同集聚类型
湖南省	岳阳市	中等城市	120	61	m10-m16	l-k	0.136376	4	18	13	8	14	4	技术-技术型
	常德市	中等城市	120	78	m3-m15	l-k	0.164438	12	21	18	11	11	5	技术-技术型
	张家界市	I型小城市	78	57	m2-m3	l-l	0.285456	9	31	17	14	22	6	技术-技术型
	益阳市	中等城市	78	45	m11-m14	k-t	0.176463	9	24	13	15	20	6	混合型
	郴州市	中等城市	78	52	m1-m13	l-t	0.093736	11	29	17	13	21	3	资本-技术型
	永州市	I型小城市	91	48	m5-m12	l-t	0.103712	7	22	15	13	17	3	资本-资本型
	怀化市	I型小城市	105	54	m3-m15	l-k	0.160314	6	21	13	9	16	4	混合型
	娄底市	I型小城市	91	38	m6-m10	k-k	0.185621	9	22	11	10	13	2	资本-资本型
广东省	广州市	特大城市	120	94	m6-m12	k-t	0.078114	10	28	16	14	21	5	资本-资本型
	韶关市	中等城市	91	33	m1-m2	l-l	0.07809	9	20	10	8	11	4	技术-技术型
	深圳市	超大城市	120	97	m6-m9	k-k	0.09355	10	26	20	15	20	6	混合型
	珠海市	II型大城市	105	81	m13-m15	k-t	0.180871	13	32	19	11	18	3	劳动-资本型
	汕头市	II型大城市	105	71	m12-m13	t-t	0.069102	10	24	16	10	20	6	技术-技术型
	佛山市	特大城市	120	80	m13-m14	t-t	0.073292	12	23	20	6	13	6	技术-技术型
	江门市	II型大城市	120	91	m6-m9	k-k	0.062907	15	26	19	10	17	4	劳动-劳动型
	湛江市	中等城市	120	83	m2-m6	l-k	0.169985	9	23	19	7	19	6	技术-技术型
	茂名市	中等城市	105	39	m6-m7	k-t	0.120829	8	19	5	8	12	2	混合型
	肇庆市	中等城市	120	88	m14-m15	k-t	0.10219	14	28	16	9	17	4	劳动-劳动型

续表

省区	地级市	城市规模等级	产业组合总数	存在产业间协同集聚的产业组合数	产业间协同集聚指数最大的产业组合	产业间协同集聚水平	l-l 个数	l-k 个数	l-t 个数	k-k 个数	k-t 个数	t-t 个数	城市产业间协同集聚类型
广东省	惠州市	Ⅱ型大城市	105	75	m11-m13	0.192114	14	24	22	8	16	6	技术-技术型
	梅州市	Ⅰ型小城市	105	55	m1-m3	0.125963	8	15	18	9	16	4	劳动-技术型
	汕尾市	Ⅰ型小城市	78	33	m13-m14	0.302201	12	22	10	12	16	3	混合型
	河源市	Ⅰ型小城市	91	44	m4-m10	0.252426	5	22	14	10	16	6	技术-技术型
	阳江市	Ⅰ型小城市	105	63	m8-m15	0.170516	9	25	17	11	12	4	资本-技术型
	清远市	Ⅰ型小城市	105	51	m11-m15	0.212652	8	19	15	8	14	2	劳动-技术型
	东莞市	特大城市	91	56	m9-m10	0.172691	13	28	16	11	14	3	劳动-劳动型
	潮州市	Ⅰ型小城市	105	64	m9-m15	0.105019	9	15	17	15	20	3	资本-技术型
	揭阳市	中等城市	91	47	m12-m14	0.241523	9	21	16	10	16	4	混合型
	云浮市	Ⅰ型小城市	120	85	m6-m14	0.197368	10	24	17	7	21	6	技术-技术型
广西壮族自治区	南宁市	Ⅱ型大城市	105	58	m3-m14	0.203711	11	24	16	5	14	3	劳动-劳动型
	柳州市	Ⅱ型大城市	120	89	m2-m6	0.173967	11	22	16	12	22	6	技术-技术型
	桂林市	中等城市	105	56	m13-m15	0.199082	10	27	12	8	12	2	劳动-资本型
	梧州市	Ⅰ型小城市	78	56	m5-m9	0.390438	13	27	20	12	20	6	技术-技术型
	北海市	Ⅰ型小城市	21	10	m5-m11	0.253458	12	31	22	14	24	6	混合型
	防城港市	Ⅱ型小城市	91	37	m11-m12	0.198183	10	21	11	10	13	1	混合型
	钦州市	Ⅰ型小城市	66	37	m5-m9	0.213283	2	28	16	15	24	6	混合型

续表

省区	地级市	城市规模等级	产业组合总数	存在产业间协同集聚的产业组合数	产业间协同集聚指数最大的产业组合		产业间协同集聚水平	l-l 个数	l-k 个数	l-t 个数	k-k 个数	k-t 个数	t-t 个数	城市产业集聚类型
广西壮族自治区	贵港市	Ⅰ型小城市	78	50	m6-m13	k-t	0.238074	5	27	20	12	22	6	技术-技术型
	玉林市	Ⅰ型小城市	66	35	m2-m13	l-t	0.237339	12	26	20	10	17	4	劳动-技术型
	百色市	Ⅱ型小城市	45	22	m7-m13	t-t	0.311344	10	30	17	15	21	4	资本-技术型
	贺州市	Ⅱ型小城市	66	41	m5-m13	l-t	0.253153	4	31	15	15	24	6	混合型
	河池市	Ⅱ型小城市	28	10	m5-m9	l-k	0.187892	11	29	21	13	22	6	技术-技术型
	来宾市	Ⅰ型小城市	36	18	m2-m11	l-k	0.364338	15	29	21	12	20	5	劳动-技术型
	崇左市	Ⅱ型小城市	91	60	m10-m16	l-k	0.283444	15	22	24	8	14	6	混合型
海南省	海口市	Ⅱ型大城市	120	109	m6-m14	k-t	0.050513	14	30	23	13	23	6	技术-技术型
重庆市	重庆市	特大城市	120	85	m2-m15	l-k	0.03468	11	20	17	10	21	6	技术-技术型
四川省	成都市	特大城市	91	34	m9-m10	k-k	0.155452	9	22	9	11	11	1	资本-资本型
	自贡市	中等城市	55	18	m9-m13	k-t	0.237882	13	26	17	10	14	3	劳动-技术型
	攀枝花市	中等城市	66	30	m9-m12	k-t	0.226046	7	25	17	13	18	4	资本-资本型
	泸州市	中等城市	105	63	m13-m16	l-t	0.094021	8	23	14	9	19	5	技术-技术型
	德阳市	Ⅰ型小城市	120	77	m6-m15	k-t	0.315314	8	18	18	11	18	6	技术-技术型
	绵阳市	中等城市	45	32	m11-m14	k-t	0.430123	15	29	24	9	22	6	混合型
	广元市	Ⅰ型小城市	66	33	m10-m13	k-t	0.318182	12	24	19	10	18	4	劳动-劳动型
	遂宁市	Ⅰ型小城市	91	39	m6-m9	k-k	0.111149	10	21	14	9	11	3	劳动-劳动型
	内江市	中等城市	91	46	m4-m14	l-t	0.174711	12	19	17	11	12	4	劳动-劳动型

续表

省区	地级市	城市规模等级	产业组合总数	存在产业间协同集聚的产业组合数	产业间协同集聚指数最大的产业组合		产业间协同集聚水平	l-l 个数	l-k 个数	l-t 个数	k-k 个数	k-t 个数	t-t 个数	城市产业间协同集聚类型
四川省	乐山市	中等城市	120	50	m3-m16	l-l	0.128742	7	13	10	4	10	6	技术-技术型
	南充市	中等城市	120	59	m3-m15	l-k	0.214617	8	18	11	5	13	4	技术-技术型
	眉山市	I型小城市	91	68	m6-m15	k-k	0.591578	15	28	24	8	16	6	混合型
	宜宾市	中等城市	78	42	m11-m15	k-t	0.14062	11	19	21	8	20	5	劳动-技术型
	广安市	II型小城市	78	53	m4-m13	l-t	0.142215	12	26	21	10	20	6	技术-技术型
	达州市	I型小城市	45	21	m4-m12	l-l	0.45083	11	26	22	12	19	6	技术-技术型
	雅安市	II型小城市	21	9	m2-m11	l-k	0.361382	14	32	22	14	21	5	混合型
	巴中市	I型小城市	78	46	m3-m16	l-l	0.276496	7	23	19	12	21	6	技术-技术型
	资阳市	I型小城市	120	66	m3-m6	l-k	0.155006	14	17	10	6	15	4	劳动-劳动型
贵州省	贵阳市	II型大城市	28	11	m1-m9	l-t	0.233281	15	33	21	10	19	5	劳动-劳动型
	六盘水市	中等城市	91	63	m2-m14	l-t	0.298888	12	27	18	12	19	4	劳动-劳动型
	遵义市	中等城市	55	44	m2-m10	l-k	0.296678	13	32	23	13	22	6	技术-技术型
	安顺市	I型小城市	120	104	m3-m13	l-t	0.162011	13	32	21	15	20	3	资本-资本型
云南省	昆明市	I型大城市	55	36	m10-m12	k-t	0.309331	15	30	23	8	20	5	劳动-劳动型
	曲靖市	I型小城市	77	74	m3-m14	l-t	0.299513	15	34	23	15	24	6	混合型
	玉溪市	I型小城市	21	11	m4-m7	l-t	0.18941	13	32	22	15	22	6	混合型
	保山市	II型小城市	15	7	m1-m11	l-k	0.43438	13	35	21	15	22	6	混合型

续表

省区	地级市	城市规模等级	产业组合总数	存在产业间协同集聚的产业组合数	产业间协同集聚指数最大的产业组合	产业间协同集聚水平	l-l 个数	l-k 个数	l-t 个数	k-k 个数	k-t 个数	t-t 个数	城市产业间协同集聚类型
云南省	昭通市	I型小城市	15	4	m2-m11	0.355232	14	32	23	12	22	6	技术-技术型
	丽江市	II型小城市	21	12	m4-m11	0.15377	14	32	23	13	23	6	技术-技术型
	普洱市	II型小城市	45	45	m3-m10	0.511418	15	36	24	15	24	6	混合型
西藏自治区	拉萨市	II型小城市	120	87	m15-m16	0.088541	7	24	16	14	21	5	资本-资本型
陕西省	西安市	I型大城市	66	36	m2-m4	0.332388	9	26	19	13	19	4	资本-资本型
	铜川市	I型小城市	91	70	m14-m15	0.196626	15	27	20	10	21	6	混合型
	宝鸡市	中等城市	105	71	m3-m16	0.17597	10	30	12	14	16	4	资本-资本型
	咸阳市	中等城市	105	36	m12-m14	0.252844	9	15	11	4	8	4	技术-技术型
	渭南市	I型小城市	78	45	m9-m10	0.717839	8	23	18	11	21	6	技术-技术型
	延安市	II型小城市	91	54	m13-m15	0.299722	13	26	18	8	15	3	劳动-劳动型
	汉中市	I型小城市	28	14	m3-m6	0.158922	13	28	23	13	23	6	资本-技术型
	榆林市	I型小城市	36	23	m4-m12	0.299699	14	30	24	13	20	6	混合型
	安康市	I型小城市	45	26	m5-m12	0.265559	11	29	20	13	22	6	技术-技术型
	商洛市	II型小城市	120	72	m3-m16	0.169471	15	12	24	7	11	3	混合型
甘肃省	兰州市	II型大城市	55	25	m2-m4	0.370532	9	29	16	13	19	4	资本-资本型
	金昌市	II型小城市	45	29	m3-m10	0.60403	12	30	22	12	22	6	技术-技术型
	白银市	I型小城市	120	84	m13-m15	0.281796	10	24	16	10	18	6	技术-技术型

续表

省区	地级市	城市规模等级	产业组合总数	存在产业间协同集聚的产业组合数	产业间协同集聚省数最大的产业组合	产业间协同集聚水平	l-l 个数	l-k 个数	l-t 个数	k-k 个数	k-t 个数	t-t 个数	城市产业间协同集聚类型
甘肃省	天水市	I型小城市	66	33	l-t	m3-m13	0.318244	7	27	14	14	21	4	资本-资本型
	武威市	I型小城市	55	54	l-t	m4-m12	0.316575	14	36	24	15	24	6	混合型
	张掖市	II型小城市	105	55	l-k	m3-m9	0.355198	7	26	10	11	15	1	资本-资本型
	平凉市	I型小城市	105	58	l-t	m4-m13	0.288417	7	17	19	6	18	6	技术-技术型
	酒泉市	I型小城市	91	44	l-k	m4-m9	0.260915	6	19	13	11	19	5	技术-技术型
	庆阳市	II型小城市	55	40	l-t	m2-m13	0.128973	11	30	21	15	22	6	混合型
	定西市	II型小城市	28	8	l-t	m2-m7	0.163588	9	28	21	14	22	6	技术-技术型
	陇南市	II型小城市	78	37	k-t	m14-m15	0.258465	12	26	17	7	14	3	劳动-劳动型
青海省	西宁市	II型大城市	105	40	l-l	m4-m16	0.215178	6	9	13	7	16	4	混合型
宁夏回族自治区	银川市	II型大城市	45	25	l-l	m1-m5	0.244044	15	30	20	9	20	6	混合型
	石嘴山市	I型小城市	66	30	l-t	m2-m12	0.261958	11	27	18	11	14	3	混合型
	吴忠市	II型小城市	36	17	k-t	m6-m13	0.449095	13	27	20	13	22	6	技术-技术型
	固原市	II型小城市	105	65	k-t	m14-m15	0.257093	9	22	18	8	17	6	技术-技术型
新疆维吾尔自治区	乌鲁木齐市	II型大城市	45	32	l-l	m1-m2	0.409378	15	33	21	13	21	4	劳动-劳动型
	克拉玛依市	I型小城市	120	97	k-t	m6-m7	0.045051	15	25	24	9	18	6	混合型

2011 年中国制造业各细分行业间协同集聚指数矩阵

	食品制造及烟草加工业	纺织业	纺织服装鞋帽皮革羽绒及其制品业	木材加工及家具制造业	造纸印刷及文教体育用品制造业	石油加工、炼焦及核燃料加工业	化学工业	非金属矿物制品业	金属冶炼及压延加工业	金属制品业	通用、专用设备制造业	交通运输设备制造业	电气机械及器材制造业	通信设备、计算机及其他电子设备制造业	仪器仪表及文化办公用机械制造业	工艺品及其他制造业(含废品废料)
食品制造及烟草加工业	0.00291															
纺织业	0.00126	0.01057														
纺织服装鞋帽皮革羽绒及其制品业	0.00095	0.00425	0.01819													
木材加工及家具制造业	0.00120	0.00228	0.00205	0.00709												
造纸印刷及文教体育用品制造业	0.00123	0.00317	0.00280	0.00256	0.00608											

续表

	食品制造及烟草加工业	纺织业	纺织服装鞋帽皮革羽绒及其制品业	木材加工及家具制造业	造纸印刷及文教体育用品制造业	石油加工、炼焦及核燃料加工业	化学工业	非金属矿物制品业	金属冶炼及压延加工业	金属制品业	通用、专用设备制造业	交通运输设备制造业	电气机械及器材制造业	通信设备、计算机及其他电子设备制造业	仪器仪表及文化办公用机械制造业	工艺品及其他制造业（含废品废料）
石油加工、炼焦及核燃料加工业	0.00084	0.00082	0.00022	0.00086	0.00129	0.02144										
化学工业	0.00130	0.00405	0.00231	0.00218	0.00297	0.00225	0.00492									
非金属矿物制品业	0.00094	0.00209	0.00215	0.00142	0.00169	0.00127	0.00172	0.00315								
金属冶炼及压延加工业	0.00069	0.00275	0.00056	0.00078	0.00127	0.00092	0.00206	0.00124	0.00857							
金属制品业	0.00133	0.00409	0.00246	0.00303	0.00334	0.00162	0.00350	0.00194	0.00320	0.00622						
通用、专用设备制造业	0.00186	0.00259	0.00201	0.00273	0.00311	0.00230	0.00312	0.00180	0.00182	0.00382	0.00564					
交通运输设备制造业	0.00214	0.00223	0.00137	0.00242	0.00299	0.00281	0.00311	0.00139	0.00125	0.00419	0.00453	0.02097				
电气机械及器材制造业	0.00143	0.00281	0.00166	0.00254	0.00322	0.00132	0.00304	0.00174	0.00169	0.00396	0.00404	0.00371	0.00758			
通信设备、计算机及其他电子设备制造业	0.00280	0.00310	0.00210	0.00390	0.00640	0.00406	0.00523	0.00301	0.00169	0.00573	0.00799	0.00749	0.00794	0.03357		
仪器仪表及文化办公用机械制造业	0.00165	0.00300	0.00229	0.00255	0.00408	0.00220	0.00323	0.00209	0.00118	0.00384	0.00535	0.00483	0.00510	0.01474	0.01422	
工艺品及其他制造业（含废品废料）	0.00106	0.00365	0.00438	0.00183	0.00243	0.00164	0.00222	0.00172	0.00098	0.00254	0.00237	0.00200	0.00215	0.00293	0.00306	0.00872

附录Ⅲ

2003 年中国制造业各细分行业间协同集聚指数矩阵

	食品制造及烟草加工业	纺织业	纺织服装鞋帽皮革羽绒及其制品业	木材加工及家具制造业	造纸印刷及文教体育用品制造业	石油加工、炼焦及核燃料加工业	化学工业	非金属矿物制品业	金属冶炼及压延工业	金属制品业	通用、专用设备制造业	交通运输设备制造业	电气机械及器材制造业	通信设备、计算机及其他电子设备制造业	仪器仪表及文化办公用机械制造业	工艺品及其他制造业（含废品废料）
食品制造及烟草加工业	0.00255															
纺织业	0.00092	0.00626														
纺织服装鞋帽皮革羽绒及其制品业	0.00096	0.00417	0.01181													
木材加工及家具制造业	0.00093	0.00236	0.00322	0.00522												
造纸印刷及文教体育用品制造业	0.00126	0.00295	0.00403	0.00358	0.00595											

续表

	食品制造及烟草加工业	纺织业	纺织服装鞋帽皮革羽绒及其制品业	木材加工及家具制造业	造纸印刷及文教体育用品制造业	石油加工、炼焦及核燃料加工业	化学工业	非金属矿物制品业	金属冶炼及压延加工业	金属制品业	通用、专用设备制造业	交通运输设备制造业	电气机械及器材制造业	通信设备、计算机及其他电子设备制造业	仪器仪表及文化办公用机械制造业	工艺品及其他制造业（含废品废料）
石油加工、炼焦及核燃料加工业	0.00049	0.00065	0.00030	0.00053	0.00080	0.02104										
化学工业	0.00107	0.00244	0.00214	0.00167	0.00221	0.00239	0.00314									
非金属矿物制品业	0.00069	0.00147	0.00160	0.00128	0.00153	0.00071	0.00127	0.00269								
金属冶炼及压延加工业	0.00044	0.00142	0.00066	0.00068	0.00079	0.00100	0.00133	0.00102	0.00820							
金属制品业	0.00115	0.00320	0.00343	0.00294	0.00331	0.00115	0.00253	0.00167	0.00226	0.00572						
通用、专用设备制造业	0.00115	0.00206	0.00172	0.00143	0.00192	0.00140	0.00188	0.00119	0.00129	0.00263	0.00377					
交通运输设备制造业	0.00110	0.00167	0.00136	0.00166	0.00196	0.00273	0.00244	0.00112	0.00121	0.00317	0.00282	0.02095				
电气机械及器材制造业	0.00138	0.00285	0.00339	0.00358	0.00430	0.00099	0.00255	0.00160	0.00106	0.00444	0.00260	0.00277	0.01213			
通信设备、计算机及其他电子设备制造业	0.00213	0.00280	0.00345	0.00448	0.00630	0.00263	0.00365	0.00199	0.00113	0.00568	0.00341	0.00444	0.00658	0.02646		
仪器仪表及文化办公用机械制造业	0.00168	0.00378	0.00518	0.00500	0.00742	0.00161	0.00349	0.00230	0.00102	0.00494	0.00299	0.00354	0.00726	0.01637	0.02155	
工艺品及其他制造业（含废品废料）	0.00090	0.00240	0.00342	0.00202	0.00221	0.00025	0.00136	0.00115	0.00038	0.00231	0.00133	0.00102	0.00249	0.00262	0.00306	0.00672

2010 年中国制造业各细分行业间产业关联度矩阵

	食品制造及烟草加工业	纺织业	纺织服装鞋帽皮革羽绒及其制品业	木材加工及家具制造业	造纸印刷及文教体育用品制造业	石油加工、炼焦及核燃料加工业	化学工业	非金属矿物制品业	金属冶炼及压延加工业	金属制品业	通用、专用设备制造业	交通运输设备制造业	电气机械及器材制造业	通信设备、计算机及其他电子设备制造业	仪器仪表及文化办公用机械制造业	工艺品及其他制造业（含废品废料）
食品制造及烟草加工业	0.20655															
纺织业	0.00295	0.37505														
纺织服装鞋帽皮革羽绒及其制品业	0.01854	0.15669	0.15832													
木材加工及家具制造业	0.00313	0.00437	0.00852	0.30756												
造纸印刷及文教体育用品制造业	0.02113	0.01360	0.01106	0.01980	0.28769											

续表

	食品制造及烟草加工业	纺织业	纺织服装鞋帽皮革羽绒及其制品业	木材加工及家具制造业	造纸印刷及文教体育用品制造业	石油加工、炼焦及核燃料加工业	化学工业	非金属矿物制品业	金属冶炼及压延加工业	金属制品业	通用、专用设备制造业	交通运输设备制造业	电气机械及器材制造业	通信设备、计算机及其他电子设备制造业	仪器仪表及文化办公用机械制造业	工艺品及其他制造业（含废品废料）
石油加工、炼焦及核燃料加工业	0.00395	0.00126	0.00306	0.00305	0.00244	0.06042										
化学工业	0.02151	0.04385	0.02133	0.03050	0.06090	0.06876	0.41021									
非金属矿物制品业	0.00605	0.00232	0.00222	0.00928	0.01726	0.02592	0.03378	0.19104								
金属冶炼及压延加工业	0.00234	0.00035	0.00288	0.00808	0.00500	0.04059	0.01200	0.02665	0.28544							
金属制品业	0.00543	0.00171	0.00366	0.02081	0.01226	0.00644	0.02259	0.02319	0.12106	0.13373						
通用、专用设备制造业	0.00334	0.00550	0.00429	0.00911	0.00922	0.01277	0.02488	0.01649	0.11315	0.05561	0.22346					
交通运输设备制造业	0.00214	0.00201	0.00925	0.01336	0.00587	0.00412	0.02429	0.00701	0.04901	0.01719	0.04852	0.33417				
电气机械及器材制造业	0.00246	0.00228	0.00228	0.00371	0.01118	0.00321	0.03264	0.01336	0.10410	0.03545	0.05528	0.02279	0.14997			
通信设备、计算机及其他电子设备制造业	0.00191	0.00048	0.00195	0.00202	0.00997	0.00205	0.02689	0.01159	0.01334	0.01934	0.01639	0.00733	0.04380	0.48393		
仪器仪表及文化办公用机械制造业	0.00271	0.00141	0.00148	0.00161	0.00783	0.00329	0.03725	0.01311	0.01720	0.01454	0.02119	0.02282	0.02486	0.12437	0.12549	
工艺品及其他制造业（含废品废料）	0.00634	0.02495	0.00697	0.01343	0.04232	0.00261	0.03117	0.02340	0.08296	0.01973	0.02818	0.00699	0.01616	0.00646	0.00488	0.07783

2002 年中国制造业各细分行业间产业关联度矩阵

	食品制造及烟草加工业	纺织业	纺织服装鞋帽皮革羽绒及其制品业	木材加工及家具制造业	造纸印刷及文教体育用品制造业	石油加工、炼焦及核燃料加工业	化学工业	非金属矿物制品业	金属冶炼及压延加工业	金属制品业	通用、专用设备制造业	交通运输设备制造业	电气机械及器材制造业	通信设备、计算机及其他电子设备制造业	仪器仪表及文化办公用机械制造业	工艺品及其他制造业（含废品废料）
食品制造及烟草加工业	0.13478															
纺织业	0.00100	0.33875														
纺织服装鞋帽皮革羽绒及其制品业	0.01394	0.12560	0.12651													
木材加工及家具制造业	0.00122	0.00469	0.00695	0.23779												
造纸印刷及文教体育用品制造业	0.01621	0.01087	0.01044	0.01566	0.23524											

续表

	食品制造及烟草加工业	纺织业	纺织服装鞋帽皮革羽绒及其制品业	木材加工及家具制造业	造纸印刷及文教体育用品制造业	石油加工、炼焦及核燃料加工业	化学工业	非金属矿物制品业	金属冶炼及压延加工业	金属制品业	通用、专用设备制造业	交通运输设备制造业	电气机械及器材制造业	通信设备、计算机及其他电子设备制造业	仪器仪表及文化办公用机械制造业	工艺品及其他制造业(含废品废料)
石油加工、炼焦及核燃料加工业	0.00170	0.00190	0.00179	0.00378	0.00340	0.04216										
化学工业	0.01856	0.04016	0.02428	0.02875	0.04939	0.04337	0.37535									
非金属矿物制品业	0.00501	0.00321	0.00270	0.00586	0.01534	0.01534	0.02786	0.08086								
金属冶炼及压延加工业	0.00087	0.00067	0.00202	0.00634	0.00471	0.03304	0.01141	0.02530	0.30221							
金属制品业	0.00595	0.00230	0.00296	0.01648	0.01084	0.00593	0.01921	0.01794	0.12607	0.11465						
通用、专用设备制造业	0.00187	0.00984	0.00318	0.00654	0.00877	0.00999	0.02842	0.01659	0.09504	0.03451	0.18053					
交通运输设备制造业	0.00165	0.00198	0.00245	0.00369	0.00459	0.00376	0.02419	0.00484	0.04785	0.01261	0.04440	0.28580				
电气机械及器材制造业	0.00093	0.00214	0.00175	0.00379	0.01472	0.00589	0.04404	0.01037	0.07678	0.02538	0.04657	0.01535	0.09689			
通信设备、计算机及其他电子设备制造业	0.00037	0.00183	0.00131	0.00190	0.00977	0.00269	0.02466	0.02183	0.00910	0.01659	0.01642	0.00428	0.05961	0.45317		
仪器仪表及文化办公用机械制造业	0.00157	0.00210	0.00259	0.00228	0.00609	0.00295	0.04358	0.01091	0.02318	0.01394	0.01828	0.00929	0.02367	0.05965	0.06095	
工艺品及其他制造业(含废品废料)	0.00310	0.02301	0.00349	0.00753	0.01629	0.00379	0.02086	0.00693	0.01904	0.01479	0.00755	0.00340	0.00634	0.00394	0.00252	0.04177

附录VI

2011年中国各地级市产业间协同集聚状况

省份	地级市	城市规模等级	产业组合总数	存在产业间协同集聚的产业组合数	产业间协同集聚指数最大的产业组合		产业间协同集聚水平	l-l 个数	l-k 个数	l-t 个数	k-k 个数	k-t 个数	t-t 个数	城市产业间协同集聚类型
北京市	北京市	超大城市	120	95	m3-m14	l-t	0.79167	14	25	23	9	18	6	技术-技术型
天津市	天津市	特大城市	120	100	m14-m15	k-k	0.83333	14	29	19	10	22	6	技术-技术型
河北省	石家庄市	Ⅱ型大城市	120	77	m6-m9	k-k	0.64167	10	21	16	7	18	5	技术-技术型
	唐山市	Ⅱ型大城市	120	65	m3-m10	l-k	0.54167	6	13	13	11	18	4	资本-技术型
	秦皇岛市	中等城市	91	81	m3-m6	l-k	0.89011	10	28	15	10	15	3	劳动-资本型
	邯郸市	Ⅱ型大城市	120	44	m13-m15	k-t	0.36667	6	5	10	9	12	2	资本-资本型
	邢台市	中等城市	91	37	m7-m13	t-t	0.40659	7	5	7	6	11	1	劳动-劳动型
	保定市	Ⅱ型大城市	120	69	m13-m14	t-t	0.57500	9	15	15	6	18	6	技术-技术型
	张家口市	中等城市	91	53	m9-m12	k-t	0.58242	3	15	12	7	13	3	资本-技术型

续表

省份	地级市	城市规模等级	产业组合总数	存在产业间协同集聚的产业组合数	产业间协同集聚指数最大的产业组合		产业间协同集聚水平	l-l 个数	l-k 个数	l-t 个数	k-k 个数	k-t 个数	t-t 个数	城市产业间产业集聚类型
河北省	承德市	中等城市	78	35	m12-m15	k-t	0.44872	1	9	4	7	11	3	技术-技术型
	沧州市	I型小城市	120	64	m4-m15	l-k	0.53333	9	19	12	7	11	6	技术-技术型
	廊坊市	I型小城市	120	88	m6-m15	k-k	0.73333	12	26	19	8	18	5	技术-技术型
	衡水市	I型小城市	105	62	m9-m14	k-t	0.59048	10	11	15	6	15	5	技术-技术型
山西省	太原市	I型大城市	91	55	m4-m15	l-k	0.60440	5	13	13	8	12	4	技术-技术型
	大同市	II型大城市	78	38	m11-m12	k-t	0.48718	4	13	6	3	9	3	技术-技术型
	阳泉市	中等城市	36	14	m10-m13	k-t	0.38889	1	5	0	4	4	0	资本-资本型
	长治市	中等城市	78	44	m12-m16	l-t	0.56410	3	9	9	8	12	3	资本-资本型
	晋城市	I型小城市	66	31	m13-m14	t-t	0.46970	2	6	5	3	9	6	技术-技术型
	朔州市	I型小城市	28	11	m2-m6	l-k	0.39286	1	5	1	2	2	0	劳动-资本型
	晋中市	I型小城市	78	59	m4-m16	l-l	0.75641	10	20	13	5	8	3	劳动-劳动型
	运城市	I型小城市	91	35	m4-m10	l-k	0.38462	3	11	8	5	7	1	混合型
	忻州市	I型小城市	28	18	m2-m6	l-l	0.64286	1	7	1	4	4	1	资本-资本型
	临汾市	I型小城市	78	51	m4-m5	l-l	0.65385	3	15	12	9	11	1	资本-资本型
	吕梁市	I型小城市	55	39	m5-m12	l-t	0.70909	1	7	4	9	16	2	资本-技术型
内蒙古自治区	呼和浩特市	II型大城市	105	54	m10-m16	l-k	0.51429	8	10	15	3	13	5	技术-技术型
	包头市	II型大城市	91	57	m11-m12	k-t	0.62637	7	12	12	6	16	4	混合型
	乌海市	I型小城市	28	10	m1-m10	l-k	0.35714	0	3	1	5	1	0	资本-资本型

续表

省份	地级市	城市规模等级	产业组合总数	存在产业间协同集聚的产业组合数	产业间协同集聚指数最大的产业组合	产业间协同集聚水平	1-1 个数	1-k 个数	1-t 个数	k-k 个数	k-t 个数	t-t 个数	城市产业间协同集聚类型
内蒙古自治区	赤峰市	中等城市	78	26	m5-m12	1-t	0.33333	3	7	8	2	5	1	劳动-技术型
	通辽市	I型小城市	91	63	m5-m11	1-k	0.69231	10	21	13	6	10	3	劳动-劳动型
	鄂尔多斯市	中等城市	91	32	m12-m14	t-t	0.35165	5	5	11	4	6	1	劳动-技术型
	呼伦贝尔市	I型小城市	91	56	m3-m16	1-1	0.61538	7	19	12	10	5	3	资本-资本型
	巴彦淖尔市	I型小城市	36	13	m2-m10	1-1	0.36111	4	4	1	1	3	0	劳动-劳动型
	乌兰察布市	I型小城市	66	23	m5-m12	1-t	0.34848	2	6	6	1	6	2	技术-技术型
辽宁省	沈阳市	特大城市	120	109	m3-m10	1-k	0.90833	15	34	23	11	21	5	劳动-劳动型
	大连市	I型大城市	120	120	m6-m9	k-k	1.00000	15	36	24	15	24	6	混合型
	鞍山市	II型大城市	120	60	m14-m15	k-t	0.50000	10	17	6	7	15	5	技术-技术型
	抚顺市	II型大城市	120	65	m9-m15	k-t	0.54167	6	18	17	10	17	3	资本-技术型
	本溪市	中等城市	120	75	m10-m14	k-t	0.62500	8	23	17	11	14	2	资本-资本型
	丹东市	中等城市	120	63	m6-m14	k-t	0.52500	9	19	13	6	13	3	劳动-劳动型
	锦州市	中等城市	120	74	m3-m10	1-k	0.61667	9	20	11	8	20	6	技术-技术型
	营口市	中等城市	120	65	m3-m4	1-1	0.54167	12	17	11	8	14	3	劳动-劳动型
	阜新市	中等城市	91	49	m3-m14	1-t	0.53846	5	11	15	3	9	6	技术-技术型
	辽阳市	中等城市	120	46	m6-m7	1-1	0.38333	5	12	7	10	11	1	资本-资本型
	盘锦市	中等城市	91	50	m9-m15	k-t	0.54945	5	19	6	11	8	1	资本-资本型
	铁岭市	I型小城市	120	91	m3-m14	1-t	0.75833	8	28	16	13	20	6	技术-技术型

续表

省份	地级市	城市规模等级	产业组合总数	存在产业间协同集聚的产业组合数	产业间协同集聚指数最大的产业组合		产业间协同集聚水平	l－l 个数	l－k 个数	l－t 个数	k－k 个数	k－t 个数	t－t 个数	城市产业间协同集聚类型
辽宁省	朝阳市	I型小城市	91	51	l－l	m5－m16	0.56044	4	15	11	5	11	5	技术－技术型
吉林省	长春市	I型大城市	120	87	k－t	m9－m14	0.72500	14	25	20	8	17	3	劳动－劳动型
	吉林市	II型大城市	120	59	k－t	m14－m15	0.49167	7	17	11	5	15	4	技术－技术型
	四平市	I型小城市	91	45	l－k	m10－m16	0.49451	5	13	10	6	8	3	技术－技术型
	辽源市	I型小城市	78	62	l－t	m3－m6	0.79487	10	19	12	6	12	3	劳动－劳动型
	通化市	I型小城市	91	29	l－l	m6－m16	0.31868	3	9	8	6	2	1	资本－资本型
	白山市	I型小城市	78	43	l－l	m3－m12	0.55128	7	14	8	8	5	1	资本－资本型
	松原市	I型小城市	78	40	k－t	m6－m12	0.51282	2	6	6	7	14	5	技术－技术型
	白城市	I型小城市	78	31	k－k	m9－m10	0.39744	4	9	7	4	6	1	劳动－技术型
黑龙江省	哈尔滨市	I型大城市	120	76	k－t	m11－m13	0.63333	9	18	17	8	18	6	技术－技术型
	齐齐哈尔市	II型大城市	105	55	t－t	m13－m14	0.52381	4	11	13	10	13	4	混合型
	鸡西市	中等城市	55	24	l－l	m2－m13	0.43636	4	7	7	1	4	1	劳动－技术型
	鹤岗市	中等城市	28	8	l－k	m5－m6	0.28571	1	4	2	0	1	0	劳动－资本型
	双鸭山市	I型小城市	21	5	k－t	m11－m13	0.23810	1	0	1	1	2	0	资本－技术型
	大庆市	II型大城市	105	74	t－t	m13－m14	0.70476	4	17	9	15	24	5	混合型
	伊春市	中等城市	66	25	k－k	m6－m9	0.37879	9	5	4	3	4	0	劳动－劳动型
	佳木斯市	中等城市	55	17	l－k	m5－m6	0.30909	0	5	5	2	4	1	劳动－技术型
	七台河市	I型小城市	36	25	l－t	m5－m13	0.69444	2	9	5	4	4	1	资本－资本型

续表

省份	地级市	城市规模等级	产业组合总数	存在产业间协同集聚的产业组合数	产业间协同集聚者数最大的产业组合	产业间协同集聚水平	l-l 个数	l-k 个数	l-t 个数	k-k 个数	k-t 个数	t-t 个数	城市产业间协同集聚类型
黑龙江省	牡丹江市	中等城市	120	54	m6-m14 (k-t)	0.45000	8	16	7	7	13	3	资本-技术型
	黑河市	II型小城市	28	13	m10-m11 (k-k)	0.46429	1	4	2	2	4	0	资本-技术型
	绥化市	I型小城市	55	45	m13-m15 (k-t)	0.81818	3	18	7	9	8	0	资本-资本型
上海市	上海市	超大城市	120	110	m6-m12 (k-t)	0.91667	15	30	23	13	23	6	混合型
江苏省	南京市	特大城市	120	82	m6-m14 (k-t)	0.68333	10	26	14	13	16	3	资本-技术型
	无锡市	II型大城市	120	101	m14-m15 (k-t)	0.84167	8	29	20	15	23	6	混合型
	徐州市	II型大城市	120	73	m11-m14 (l-k)	0.60833	8	18	13	12	17	5	技术-技术型
	常州市	II型大城市	120	105	m4-m6 (l-k)	0.87500	12	32	20	13	22	6	技术-技术型
	苏州市	II型大城市	120	99	m1-m9 (l-t)	0.82500	13	30	19	12	19	6	技术-技术型
	南通市	II型大城市	120	68	m14-m16 (k-t)	0.56667	12	16	18	6	11	5	技术-技术型
	连云港市	中等城市	120	74	m6-m14 (k-t)	0.61667	13	22	15	4	15	5	劳动-劳动型
	淮安市	II型大城市	120	56	m6-m9 (k-k)	0.46667	9	13	11	8	12	3	劳动-劳动型
	盐城市	中等城市	120	67	m6-m12 (k-t)	0.55833	8	22	9	10	15	3	资本-资本型
	扬州市	中等城市	120	77	m4-m6 (l-k)	0.64167	10	24	17	11	14	1	资本-资本型
	镇江市	中等城市	120	70	m4-m10 (l-k)	0.58333	9	26	12	9	11	3	资本-资本型
	泰州市	中等城市	120	59	m3-m12 (l-t)	0.49167	10	16	12	5	12	4	劳动-劳动型
	宿迁市	中等城市	105	63	m8-m15 (k-k)	0.60000	6	16	15	6	16	4	混合型

续表

省份	地级市	城市规模等级	产业组合总数	存在产业间协同集聚的产业组合数	产业间协同集聚指数最大的产业组合	产业间协同集聚水平	l–l 个数	l–k 个数	l–t 个数	k–k 个数	k–t 个数	t–t 个数	城市产业间协同集聚类型
浙江省	杭州市	Ⅰ型大城市	120	90	l–t m12–m16	0.75000	13	25	20	11	16	5	劳动–劳动型
	宁波市	Ⅱ型大城市	120	108	l–t m6–m16	0.90000	14	32	23	13	20	6	技术–技术型
	温州市	Ⅱ型大城市	120	91	t–t m13–m14	0.75833	13	30	13	10	19	6	技术–技术型
	嘉兴市	中等城市	120	53	l–l m4–m16	0.44167	8	17	9	5	11	3	劳动–劳动型
	湖州市	中等城市	120	66	k–k m6–m15	0.55000	8	19	12	11	13	3	资本–资本型
	绍兴市	Ⅰ型小城市	120	89	l–l m3–m4	0.74167	15	29	17	12	14	2	劳动–劳动型
	金华市	中等城市	120	65	k–t m6–m12	0.54167	12	14	11	9	15	4	劳动–劳动型
	衢州市	Ⅰ型小城市	105	67	l–k m3–m9	0.63810	11	17	17	3	15	4	劳动–劳动型
	舟山市	Ⅰ型小城市	120	100	l–k m2–m6	0.83333	11	30	17	15	22	5	资本–资本型
	台州市	Ⅱ型大城市	120	93	l–k m3–m6	0.77500	10	26	19	12	20	6	技术–技术型
	丽水市	Ⅰ型小城市	105	70	l–k m3–m15	0.66667	8	17	16	9	15	5	技术–技术型
安徽省	合肥市	Ⅰ型大城市	120	78	k–t m14–m15	0.65000	9	25	15	9	16	4	劳动–资本型
	芜湖市	Ⅱ型大城市	120	81	k–k m6–m15	0.67500	7	17	13	15	23	6	混合型
	蚌埠市	中等城市	105	65	k–t m12–m15	0.61905	10	9	15	7	12	4	混合型
	淮南市	中等城市	55	33	k–t m7–m15	0.60000	2	9	7	3	9	3	技术–技术型
	马鞍山市	中等城市	91	47	t–t m12–m14	0.51648	3	14	9	6	13	2	资本–资本型
	淮北市	中等城市	91	44	l–l m3–m4	0.48352	8	14	4	6	9	3	劳动–劳动型
	铜陵市	Ⅰ型小城市	120	62	l–k m4–m6	0.51667	7	17	16	4	12	6	技术–技术型

续表

省份	地级市	城市规模等级	产业组合总数	存在产业间协同集聚的产业组合数	产业间协同集聚指数最大的产业组合	产业间协同集聚水平	l-l 个数	l-k 个数	l-t 个数	k-k 个数	k-t 个数	t-t 个数	城市产业间协同集聚类型
安徽省	安庆市	I型小城市	105	52	m6-m14	0.49524	9	18	10	3	9	3	劳动-劳动型
	黄山市	I型小城市	105	43	m10-m15	0.40952	6	12	8	7	9	1	资本-资本型
	滁州市	I型小城市	105	50	m9-m15	0.47619	5	12	9	6	13	5	技术-技术型
	阜阳市	中等城市	91	29	m11-m12	0.31868	8	8	7	1	4	1	劳动-劳动型
	宿州市	I型小城市	91	33	m9-m14	0.36264	4	10	9	2	6	2	劳动-技术型
	巢湖市	I型小城市	120	51	m10-m15	0.42500	6	19	6	11	8	1	资本-资本型
	六安市	I型小城市	78	41	m10-m13	0.52564	9	9	12	1	7	3	劳动-劳动型
	亳州市	I型小城市	78	37	m3-m16	0.47436	4	13	7	5	7	1	资本-资本型
	池州市	I型小城市	105	54	m12-m16	0.51429	8	18	6	10	11	1	资本-资本型
	宣城市	I型小城市	105	40	m3-m10	0.38095	9	13	9	2	6	1	劳动-劳动型
福建省	福州市	II型大城市	120	103	m6-m9	0.85833	13	32	22	12	20	4	劳动-技术型
	厦门市	II型大城市	120	68	m7-m9	0.56667	11	22	13	6	12	4	劳动-劳动型
	莆田市	中等城市	105	77	m14-m15	0.73333	11	23	18	7	14	4	劳动-技术型
	三明市	I型小城市	120	78	m6-m9	0.65000	12	20	16	12	15	3	混合型
	泉州市	II型大城市	120	82	m3-m5	0.68333	15	25	17	9	11	5	劳动-劳动型
	漳州市	中等城市	120	91	m9-m13	0.75833	11	28	16	14	18	4	资本-资本型
	南平市	I型小城市	105	79	m13-m14	0.75238	11	21	19	6	16	6	技术-技术型
	龙岩市	I型小城市	105	76	m6-m11	0.72381	8	17	15	10	20	6	技术-技术型

续表

省份	地级市	城市规模等级	产业组合总数	存在产业间协同集聚的产业组合数	产业间协同集聚指数最大的产业组合	产业间协同集聚水平	l-l 个数	l-k 个数	l-t 个数	k-k 个数	k-t 个数	t-t 个数	城市产业间协同集聚类型
福建省	宁德市	I型小城市	105	59	m8-m15	0.56190	7	17	15	3	12	5	技术-技术型
江西省	南昌市	II型大城市	120	108	m14-m15	0.90000	15	36	20	15	19	3	混合型
	景德镇市	I型小城市	105	44	m6-m15	0.41905	7	14	6	9	7	1	资本-资本型
	萍乡市	I型小城市	120	52	m12-m16	0.43333	6	14	12	8	9	3	资本-资本型
	九江市	中等城市	120	73	m6-m14	0.60833	11	22	10	9	16	5	技术-技术型
	新余市	I型小城市	120	105	m14-m15	0.87500	10	30	20	15	24	6	混合型
	鹰潭市	II型大城市	91	49	m10-m12	0.53846	6	16	11	4	10	2	劳动-技术型
	赣州市	中等城市	105	85	m10-m12	0.80952	13	24	20	7	16	5	劳动-劳动型
	吉安市	I型小城市	120	95	m13-m14	0.79167	11	26	21	11	20	6	技术-技术型
	宜春市	I型小城市	120	51	m14-m15	0.42500	5	15	10	9	10	2	资本-资本型
	抚州市	I型小城市	120	89	m12-m14	0.74167	11	24	20	9	19	6	技术-技术型
	上饶市	I型小城市	105	58	m5-m14	0.55238	8	13	14	5	14	4	技术-技术型
山东省	济南市	I型大城市	120	63	m6-m14	0.52500	9	21	7	8	13	5	技术-技术型
	青岛市	II型大城市	120	67	m13-m15	0.55833	15	27	7	7	9	2	劳动-劳动型
	淄博市	II型大城市	120	75	m14-m15	0.62500	6	20	13	10	20	6	技术-技术型
	枣庄市	中等城市	120	76	m6-m15	0.63333	13	25	15	6	14	3	劳动-劳动型
	东营市	中等城市	91	52	m3-m5	0.57143	6	15	10	6	12	3	混合型
	烟台市	II型大城市	120	87	m6-m14	0.72500	12	25	20	7	17	6	技术-技术型

续表

省份	地级市	城市规模等级	产业组合总数	存在产业间协同集聚的产业组合数	产业间协同集聚指数最大的产业组合	产业间协同集聚水平	l-l 个数	l-k 个数	l-t 个数	k-k 个数	k-t 个数	t-t 个数	城市产业间协同集聚类型
山东省	潍坊市	II型大城市	120	56	m9-m15 (k-k)	0.46667	8	14	16	5	10	3	劳动-技术型
	济宁市	中等城市	120	71	m11-m14 (k-t)	0.59167	6	20	14	9	18	4	资本-技术型
	泰安市	中等城市	105	62	m4-m9 (l-k)	0.59048	6	20	13	5	14	4	技术-技术型
	威海市	中等城市	120	90	m6-m9 (k-k)	0.75000	10	27	20	11	17	5	混合型
	日照市	中等城市	91	51	m3-m6 (l-t)	0.56044	8	13	15	2	7	6	技术-技术型
	莱芜市	中等城市	78	48	m7-m13 (t-t)	0.61538	10	10	15	4	6	3	劳动-劳动型
	临沂市	II型大城市	120	75	m13-m15 (k-t)	0.62500	13	19	11	13	16	3	劳动-劳动型
	德州市	中等城市	120	57	m3-m12 (l-t)	0.47500	5	16	12	7	14	3	资本-技术型
	聊城市	中等城市	105	36	m14-m16 (l-k)	0.34286	8	13	6	2	6	1	劳动-劳动型
	滨州市	I型小城市	105	45	m4-m14 (l-t)	0.42857	6	11	8	10	8	2	资本-资本型
	菏泽市	中等城市	105	50	m9-m12 (k-t)	0.47619	7	17	10	6	9	1	劳动-劳动型
河南省	郑州市	I型大城市	120	64	m6-m16 (l-k)	0.53333	6	15	11	12	17	3	资本-资本型
	开封市	中等城市	105	73	m3-m9 (l-k)	0.69524	14	22	15	9	10	3	劳动-劳动型
	洛阳市	II型大城市	120	69	m14-m15 (k-t)	0.57500	11	13	16	10	15	4	劳动-劳动型
	平顶山市	中等城市	120	43	m3-m12 (l-t)	0.35833	3	13	10	6	9	2	劳动-技术型
	安阳市	中等城市	105	51	m14-m16 (l-k)	0.48571	5	9	13	8	12	4	技术-技术型
	鹤壁市	I型小城市	105	55	m4-m10 (l-k)	0.52381	12	14	9	4	12	4	劳动-劳动型
	新乡市	中等城市	105	44	m13-m14 (t-t)	0.41905	6	15	4	7	8	4	技术-技术型

续表

省份	地级市	城市规模等级	产业组合总数	存在产业间协同集聚的产业组合数	产业间协同集聚指数最大的产业组合	产业间协同集聚水平	l-l 个数	l-k 个数	l-t 个数	k-k 个数	k-t 个数	t-t 个数	城市产业间协同集聚类型
河南省	焦作市	中等城市	120	79	m6-m9 (k-k)	0.65833	13	20	18	10	15	3	劳动-劳动型
	濮阳市	Ⅰ型小城市	105	44	m13-m14 (t-t)	0.41905	8	10	10	3	9	4	技术-技术型
	许昌市	Ⅰ型小城市	120	55	m3-m9 (l-k)	0.45833	7	17	16	5	8	2	劳动-技术型
	漯河市	中等城市	120	73	m4-m15 (l-k)	0.60833	8	22	16	8	16	3	混合型
	三门峡市	Ⅰ型小城市	120	62	m2-m15 (l-k)	0.51667	9	19	11	6	15	2	资本-技术型
	南阳市	中等城市	120	47	m6-m13 (k-t)	0.39167	10	8	6	4	14	5	技术-技术型
	商丘市	中等城市	120	50	m10-m16 (l-k)	0.41667	7	16	10	7	8	2	劳动-劳动型
	信阳市	中等城市	120	41	m6-m9 (k-k)	0.34167	5	11	5	7	11	2	资本-资本型
	周口市	Ⅰ型小城市	105	40	m6-m8 (k-k)	0.38095	5	15	7	6	7	0	劳动-劳动型
	驻马店市	Ⅰ型小城市	120	71	m9-m12 (k-t)	0.59167	11	20	14	6	17	3	劳动-劳动型
湖北省	武汉市	特大城市	120	72	m6-m9 (k-k)	0.60000	7	16	13	13	17	6	技术-技术型
	黄石市	中等城市	105	48	m14-m16 (l-t)	0.45714	4	12	12	4	12	4	技术-技术型
	十堰市	中等城市	91	54	m6-m14 (k-t)	0.59341	4	14	10	6	14	6	技术-技术型
	宜昌市	中等城市	120	44	m6-m14 (k-t)	0.36667	5	14	9	6	10	0	资本-技术型
	襄樊市	Ⅱ型大城市	105	79	m14-m15 (k-t)	0.75238	8	19	14	11	21	6	技术-技术型
	鄂州市	Ⅰ型小城市	91	73	m14-m15 (k-t)	0.80220	6	23	13	12	16	3	资本-资本型
	荆门市	Ⅰ型小城市	105	44	m13-m16 (l-t)	0.41905	6	12	13	3	8	5	技术-技术型
	孝感市	中等城市	120	63	m14-m15 (k-t)	0.52500	13	18	13	4	11	4	劳动-劳动型

续表

省份	地级市	城市规模等级	产业组合总数	存在产业间协同集聚的产业组合数	产业间协同集聚指数最大的产业组合	产业间协同集聚水平	l-l 个数	l-k 个数	l-t 个数	k-k 个数	k-t 个数	t-t 个数	城市产业间协同集聚类型
湖北省	荆州市	中等城市	105	69	m13-m14	0.65714	9	14	12	9	19	6	技术-技术型
	黄冈市	I型小城市	120	52	m3-m16	0.43333	6	13	9	7	15	2	资本-技术型
	咸宁市	I型小城市	91	69	m12-m14	0.75824	9	17	22	3	12	6	技术-技术型
	随州市	I型小城市	105	74	m13-m15	0.70476	13	25	14	8	11	3	劳动-劳动型
湖南省	长沙市	II型大城市	120	65	m12-m14	0.54167	11	18	13	7	12	4	劳动-劳动型
	株洲市	中等城市	120	50	m3-m5	0.41667	8	6	8	9	17	2	资本-技术型
	湘潭市	中等城市	120	72	m3-m16	0.60000	9	19	15	8	16	5	技术-技术型
	衡阳市	II型大城市	120	70	m6-m16	0.58333	15	20	12	7	13	3	劳动-劳动型
	邵阳市	中等城市	120	68	m6-m16	0.56667	7	19	13	11	14	4	资本-技术型
	岳阳市	中等城市	120	55	m5-m6	0.45833	4	15	11	6	13	6	技术-技术型
	常德市	中等城市	120	71	m10-m15	0.59167	10	20	16	9	12	4	混合型
	张家界市	I型小城市	66	33	m2-m3	0.50000	6	12	8	2	4	1	劳动-劳动型
	益阳市	中等城市	105	52	m13-m15	0.49524	5	11	8	10	15	3	资本-资本型
	郴州市	中等城市	105	63	m4-m6	0.60000	13	14	16	4	12	4	劳动-劳动型
	永州市	I型小城市	91	50	m5-m12	0.54945	6	15	11	7	8	3	技术-技术型
	怀化市	I型小城市	91	51	m13-m14	0.56044	4	11	12	4	14	6	技术-技术型
	娄底市	I型小城市	78	48	m1-m6	0.61538	3	13	11	6	12	3	混合型

续表

省份	地级市	城市规模等级	产业组合总数	存在产业间协同集聚的产业组合数	产业间协同集聚指数最大的产业组合		产业间协同集聚水平	l-l个数	l-k个数	l-t个数	k-k个数	k-t个数	t-t个数	城市产业间协同集聚类型
广东省	广州市	特大城市	120	91	m9-m14	k-t	0.75833	11	27	19	10	19	5	技术-技术型
	韶关市	中等城市	105	42	m11-m12	k-t	0.40000	7	7	9	5	11	3	技术-技术型
	深圳市	超大城市	120	99	m3-m5	l-l	0.82500	10	27	20	14	22	6	技术-技术型
	珠海市	Ⅱ型大城市	105	59	m9-m16	l-k	0.56190	7	19	12	6	12	3	劳动-资本型
	汕头市	Ⅱ型大城市	120	70	m6-m12	k-t	0.58333	9	20	13	10	13	5	技术-技术型
	佛山市	特大城市	120	84	m3-m12	l-t	0.70000	14	21	23	6	14	6	技术-技术型
	江门市	Ⅱ型大城市	120	106	m9-m16	l-t	0.88333	14	33	20	14	20	5	劳动-劳动型
	湛江市	中等城市	120	54	m2-m6	l-k	0.45000	6	17	15	6	9	1	劳动-技术型
	茂名市	中等城市	120	42	m6-m12	k-t	0.35000	4	14	8	6	8	2	资本-资本型
	肇庆市	中等城市	105	75	m9-m10	k-k	0.71429	10	21	18	6	15	5	技术-技术型
	惠州市	Ⅱ型大城市	120	90	m6-m10	k-k	0.75000	11	27	19	9	18	6	技术-技术型
	梅州市	Ⅰ型小城市	105	60	m7-m10	k-t	0.57143	9	14	16	4	12	5	技术-技术型
	汕尾市	Ⅰ型小城市	91	55	m12-m14	t-t	0.60440	13	13	16	2	7	4	劳动-劳动型
	河源市	Ⅰ型小城市	105	59	m5-m11	l-k	0.56190	7	17	16	4	12	3	劳动-劳动型
	阳江市	Ⅰ型小城市	91	39	m8-m9	l-k	0.42857	5	12	11	3	6	2	技术-技术型
	清远市	Ⅰ型小城市	120	97	m1-m6	k-k	0.80833	13	28	21	8	21	6	技术-技术型
	东莞市	特大城市	120	70	m1-m6	l-k	0.58333	9	17	15	10	15	4	混合型
	潮州市	Ⅰ型小城市	91	54	m3-m10	l-k	0.59341	5	15	15	3	12	4	技术-技术型

续表

省份	地级市	城市规模等级	产业组合总数	存在产业间协同集聚的产业组合数	产业间协同集聚最大的产业组合		产业间协同集聚水平	l-l 个数	l-k 个数	l-t 个数	k-k 个数	k-t 个数	t-t 个数	城市产业间协同集聚类型
广东省	揭阳市	中等城市	120	81	m6-m15	k-k	0.67500	9	22	16	14	17	3	资本-资本型
	云浮市	I型小城市	91	36	m14-m15	k-t	0.39560	7	13	8	2	6	0	劳动-劳动型
	南宁市	II型大城市	120	91	m14-m15	k-t	0.75833	9	26	17	12	21	6	技术-技术型
	柳州市	II型大城市	120	57	m14-m15	k-t	0.47500	12	17	7	9	10	2	劳动-劳动型
	桂林市	中等城市	105	71	m2-m3	l-l	0.67619	10	20	16	4	16	5	技术-技术型
	梧州市	I型小城市	105	54	m13-m15	k-t	0.51429	9	16	13	4	10	2	劳动-劳动型
	北海市	I型小城市	105	81	m10-m14	k-t	0.77143	13	19	19	6	18	6	技术-技术型
	防城港市	II型小城市	45	14	m11-m13	k-t	0.31111	2	5	5	0	2	0	劳动-技术型
广西壮族自治区	钦州市	I型小城市	91	32	m6-m15	k-k	0.35165	4	12	6	8	1	1	资本-资本型
	贵港市	I型小城市	91	37	m2-m12	l-t	0.40659	3	8	11	1	9	5	技术-技术型
	玉林市	I型小城市	105	49	m6-m12	k-t	0.46667	8	11	12	5	9	4	技术-技术型
	百色市	II型小城市	45	30	m4-m11	l-k	0.66667	5	12	3	6	4	0	资本-资本型
	贺州市	II型小城市	66	36	m10-m13	k-t	0.54545	6	11	8	3	7	1	劳动-劳动型
	河池市	II型小城市	36	22	m11-m16	k-t	0.61111	4	9	3	3	3	0	劳动-劳动型
	来宾市	II型小城市	28	15	m9-m11	l-k	0.53571	4	6	2	3	0	0	劳动-劳动型
	崇左市	I型小城市	36	14	m3-m9	l-k	0.38889	5	4	4	1	0	0	劳动-劳动型
海南省	海口市	II型大城市	78	54	m10-m16	l-k	0.69231	4	12	16	4	12	6	技术-技术型
重庆市	重庆市	特大城市	120	106	m6-m13	k-t	0.88333	12	29	23	12	24	6	混合型

续表

省份	地级市	城市规模等级	产业组合总数	存在产业间协同集聚的产业组合数	产业间协同集聚指数最大的产业组合	产业间协同集聚水平	l-l 个数	l-k 个数	l-t 个数	k-k 个数	k-t 个数	t-t 个数	城市产业间协同集聚类型
四川省	成都市	特大城市	120	104	m6-m15	k-k	0.86667	15	30	20	13	21	5	劳动-劳动型
	自贡市	中等城市	120	45	m9-m14	k-t	0.37500	5	10	9	8	11	2	资本-资本型
	攀枝花市	中等城市	78	39	m9-m13	k-t	0.50000	4	10	6	8	10	1	资本-资本型
	泸州市	中等城市	78	38	m2-m3	l-l	0.48718	4	13	11	3	6	1	劳动-技术型
	德阳市	I型小城市	120	65	m13-m15	k-t	0.54167	7	19	12	8	16	3	资本-技术型
	绵阳市	中等城市	120	93	m6-m9	k-k	0.77500	11	28	21	11	16	6	资本-技术型
	广元市	I型小城市	78	50	m12-m14	t-t	0.64103	4	13	11	6	13	3	资本-技术型
	遂宁市	I型小城市	105	67	m4-m9	l-k	0.63810	8	17	17	5	14	6	技术-技术型
	内江市	中等城市	105	44	m14-m16	l-t	0.41905	8	9	12	4	8	3	劳动-劳动型
	乐山市	中等城市	120	63	m14-m15	k-t	0.52500	11	14	18	7	9	4	劳动-技术型
	南充市	中等城市	105	63	m6-m12	k-t	0.60000	10	13	14	6	15	5	技术-技术型
	眉山市	I型小城市	120	66	m12-m15	l-t	0.55000	7	21	12	6	16	4	混合型
	宜宾市	中等城市	120	87	m3-m14	l-t	0.72500	11	24	20	9	17	6	技术-技术型
	广安市	II型小城市	105	48	m14-m16	l-k	0.45714	4	13	10	5	13	3	资本-技术型
	达州市	I型小城市	78	56	m11-m15	k-k	0.71795	3	17	9	9	15	3	资本-技术型
	雅安市	II型小城市	78	49	m14-m15	k-t	0.62821	11	12	15	2	7	2	劳动-劳动型
	巴中市	I型小城市	45	18	m10-m13	k-k	0.40000	3	3	6	1	4	1	劳动-技术型
	资阳市	I型小城市	91	48	m6-m9	k-k	0.52747	7	16	9	6	9	1	劳动-劳动型

续表

省份	地级市	城市规模等级	产业组合总数	存在产业间协同集聚的产业组合数	产业间协同集聚指数最大的产业组合	产业组合类型	产业间协同集聚水平	l-l个数	l-k个数	l-t个数	k-k个数	k-t个数	t-t个数	城市产业间协同集聚类型
贵州省	贵阳市	Ⅱ型大城市	91	40	m2–m4	l-l	0.43956	4	14	6	4	9	3	技术–技术型
	六盘水市	中等城市	28	7	m1–m10	l-k	0.25000	0	3	0	3	1	0	资本–资本型
	遵义市	中等城市	66	38	m13–m16	l-t	0.57576	3	10	8	6	8	3	技术–技术型
	安顺市	Ⅰ型小城市	66	45	m2–m10	l-k	0.68182	5	11	12	5	9	3	混合型
云南省	昆明市	Ⅰ型大城市	120	91	m1–m5	l-l	0.75833	11	26	17	12	19	6	技术–技术型
	曲靖市	Ⅰ型小城市	66	49	m12–m16	l-t	0.74242	6	16	11	4	11	1	劳动–资本型
	玉溪市	Ⅰ型小城市	66	45	m1–m9	l-k	0.68182	4	11	11	6	10	3	技术–技术型
	保山市	Ⅱ型小城市	28	18	m2–m13	l-t	0.64286	1	6	5	1	4	0	劳动–技术型
	昭通市	Ⅰ型小城市	28	11	m11–m16	l-k	0.39286	3	7	0	1	0	0	劳动–劳动型
	丽江市	Ⅱ型小城市	28	11	m2–m11	k-k	0.39286	0	5	1	3	2	0	资本–技术型
	普洱市	Ⅱ型小城市	28	16	m8–m11	l-t	0.57143	3	7	3	1	2	0	劳动–技术型
	临沧市	Ⅱ型小城市	10	6	m5–m7	l-t	0.60000	1	1	2	1	1	0	劳动–劳动型
西藏自治区	拉萨市	Ⅱ型小城市	28	17	m7–m16	l-t	0.60714	4	4	6	0	2	1	劳动–劳动型
陕西省	西安市	Ⅰ型大城市	120	69	m14–m15	k-t	0.57500	2	21	10	14	18	4	资本–技术型
	铜川市	Ⅰ型小城市	55	27	m10–m12	k-t	0.49091	1	7	6	4	8	0	资本–技术型
	宝鸡市	中等城市	66	54	m14–m15	k-t	0.81818	2	12	10	6	18	6	技术–技术型
	咸阳市	中等城市	120	75	m3–m9	l-k	0.62500	10	23	14	11	13	4	资本–技术型
	渭南市	Ⅰ型小城市	91	37	m13–m14	t-t	0.40659	4	9	8	5	8	3	技术–技术型

续表

省份	地级市	城市规模等级	产业组合总数	存在产业间协同集聚的产业组合数	产业间协同集聚指数最大的产业组合		产业间协同集聚水平	l-l 个数	l-k 个数	l-t 个数	k-k 个数	k-t 个数	t-t 个数	城市产业间协同集聚类型
陕西省	延安市	I型小城市	28	15	m5-m13	l-t	0.53571	0	2	3	1	6	3	技术-技术型
	汉中市	I型小城市	78	55	m10-m15	k-k	0.70513	4	18	10	7	13	3	资本-技术型
	榆林市	I型小城市	21	13	m2-m5	l-l	0.61905	3	2	2	3	3	0	混合型
	安康市	I型小城市	28	28	m11-m12	k-t	1.00000	3	9	6	3	6	1	混合型
	商洛市	II型小城市	21	10	m2-m10	l-k	0.47619	2	5	1	1	1	0	劳动-资本型
甘肃省	兰州市	II型大城市	120	62	m3-m16	l-l	0.51667	10	12	17	6	12	5	技术-技术型
	金昌市	II型小城市	21	9	m5-m13	l-t	0.42857	0	3	2	1	3	0	资本-技术型
	白银市	I型小城市	55	45	m2-m12	l-t	0.81818	3	12	9	6	12	3	混合型
	天水市	I型小城市	120	75	m10-m14	k-t	0.62500	11	20	18	5	15	6	技术-技术型
	武威市	I型小城市	78	57	m11-m12	k-t	0.73077	11	15	15	4	9	3	劳动-劳动型
	张掖市	II型小城市	36	20	m4-m5	l-l	0.55556	3	8	3	4	2	0	资本-资本型
	平凉市	I型小城市	55	36	m13-m14	t-t	0.65455	6	8	12	1	6	3	混合型
	酒泉市	I型小城市	66	43	m5-m13	l-t	0.65152	5	13	8	8	8	1	资本-资本型
	庆阳市	II型小城市	55	26	m2-m4	l-l	0.47273	6	12	4	1	3	0	劳动-劳动型
	定西市	I型小城市	21	13	m8-m11	k-k	0.61905	1	5	2	1	4	0	资本-技术型
	陇南市	II型小城市	10	4	m1-m5	l-l	0.40000	1	2	0	1	0	0	混合型
青海省	西宁市	II型大城市	91	52	m3-m15	l-k	0.57143	9	11	18	3	8	3	劳动-技术型

续表

省份	地级市	城市规模等级	产业组合总数	存在产业间协同集聚的产业组合数	产业间协同集聚指数最大的产业组合		产业间协同集聚水平	l-l个数	l-k个数	l-t个数	k-k个数	k-t个数	t-t个数	城市产业间协同集聚类型
宁夏回族自治区	银川市	Ⅱ型大城市	105	33	m2-m3	l-l	0.31429	5	8	5	5	9	1	资本-技术型
	石嘴山市	Ⅰ型小城市	45	16	m2-m10	l-k	0.35556	1	5	1	4	5	0	资本-技术型
	吴忠市	Ⅱ型小城市	55	33	m9-m11	k-k	0.60000	3	15	3	7	5	0	资本-资本型
	固原市	Ⅱ型小城市	6	6	m2-m7	l-t	1.00000	1	2	2	0	1	0	劳动-技术型
	中卫市	Ⅱ型小城市	36	28	m5-m16	l-l	0.77778	3	12	3	6	4	0	资本-技术型
新疆维吾尔自治区	乌鲁木齐市	Ⅱ型大城市	105	70	m6-m16	l-k	0.66667	5	18	13	10	18	6	技术-技术型
	克拉玛依市	Ⅰ型小城市	45	36	m13-m15	k-t	0.80000	3	12	6	7	7	1	资本-资本型

图书在版编目(CIP)数据

中国制造业产业间协同集聚的实证研究 / 陈曦著
. -- 北京：社会科学文献出版社，2018.1
ISBN 978 - 7 - 5201 - 1868 - 2

Ⅰ. ①中…　Ⅱ. ①陈…　Ⅲ. ①制造工业 - 工业发展 -
研究 - 中国　Ⅳ. ①F426.4

中国版本图书馆 CIP 数据核字（2017）第 289547 号

中国制造业产业间协同集聚的实证研究

著　　者 / 陈　曦

出 版 人 / 谢寿光
项目统筹 / 恽　薇　高　雁
责任编辑 / 颜林柯　吕　颖

出　　版 / 社会科学文献出版社·经济与管理分社（010）59367226
　　　　　　地址：北京市北三环中路甲 29 号院华龙大厦　邮编：100029
　　　　　　网址：www. ssap. com. cn
发　　行 / 市场营销中心（010）59367081　59367018
印　　装 / 三河市尚艺印装有限公司

规　　格 / 开本：787mm × 1092mm　1/16
　　　　　　印张：12.75　字数：205 千字
版　　次 / 2018 年 1 月第 1 版　2018 年 1 月第 1 次印刷
书　　号 / ISBN 978 - 7 - 5201 - 1868 - 2
定　　价 / 75.00 元